経済系のための
情報リテラシー

統計データで学ぶ

櫻本　健　[編著]

倉田知秋・田浦　元・小澤康裕・藤野　裕・安藤道人・山本周吾　[著]

実教出版

まえがき

　近年，中学校・高校においていくつかの科目で情報教育が進化した。本書は Office を利用して解説しているが，バージョンは様々であることを前提にしている。本書に利用したのは Microsoft 365, Office 2019, Office 2021 である。Microsoft や Google は人工知能（AI）の搭載や機能の自動化を進めている。Copilot plus や Gemini といった有料サービスや AI 向けの GPU を搭載した PC も登場してきているが，本書ではユーザーとして一般的なノート PC を装備した一般の学生をメインに据えているため，そうした説明については省いている。立教大学では，本書執筆時点において他の大学同様，教育系システムでは Office 2021 の買い切りのバージョンが主に利用されている。

　本書の位置づけが分かるように，本書の授業での利用実態を以下でまとめる。立教大学経済学部では，700 人弱の 1 年生全員が 12 クラスに分かれて学ぶ「データ分析入門 1・2」という半期 2 コマ科目でテキスト 2 冊を用いており，本書はその上巻として利用している。立教大学の半期 1 コマ授業は，授業時間 100 分×15 回と最終試験の計 16 回で構成される。本書は 13 講から構成され，ガイダンス・連絡事項，授業のまとめ，試験を 3 回充てるとちょうど 16 回となる。論文・レポートの作成方法については，今日，立教大学では Master of Writing, Master of Presentation という資料が学内で共通して利用されるため，カバーしていない。

　立教学内では論文・レポート，プレゼンテーションの作成方法は上記資料を多く用いる。この分野は，市販本も多いが，市販本で定評のある著者も参加して同資料が整備された。無料であることもあって，他の機関でも広く利用されるようになった。しかし，同資料は演習を含まないため，演習は本書の第 2 講・第 4 講や，別に設定されるゼミ形式の授業で実施される。統計学・計量経済学関連の専門科目，機械学習・プログラミングも別科目で設定されるため，本書は Word, Power-Point, Excel の操作に特化している。AI がある程度の情報処理を担うことが期待されているが，そうした将来においても Office の操作は必要不可欠な技量であろう。しかし，多くの人が経験しているように，Word, Excel とりわけ後者を使いこなす力は，解説書をくまなく読むことによって身に付くものではない。統計学を担当しながら同時に情報教育に携わってきた経験からすると，Word, Excel の活用力が飛躍的に身に付くのは，意味のある具体的課題に取り組んだときである。このような問題意識から，本書は，実際の経済データを Excel で加工して表やグラフを作成し，それらをもとに Word で論文を作成する力を身に付けることを目標にしながらまとめられた。

　本書の構成は，全体で 13 講からなっている。そのメインストリームは，第 3〜13 講にまとめた Excel の活用の仕方である。これを経済学入門，統計学入門の学習と結びつけた。ジャンルでいうと，家計，企業，国民経済，世界経済に関する部分と，物価，金利，為替レートという価値の比率に関する部分である。これらに関連するデータを加工し，グラフを作成し，Excel の活用の仕方を同時に学ぼうというのが本書のねらいである。そのための課題と演習を各講に配置した。データの多くは，インターネットを通じて入手し得るものから選んである。そのため，まず第 1 講で，インターネットの利用に際して注意すること，およびデータの入手法について解説した。また，第 2 講で，論文を作成するための Word の活用法について説明した。

　Excel の活用に限定すると，次の 4 点に配慮して全体を構成した。

⑴　大量データに対する処理や繰り返し作業での活用

⑵　絶対参照と相対参照の理解が鍵

⑶　見やすいグラフの作成力

⑷　組み込み関数の利用

　本書では，課題，演習についても，上記4点に配慮して配置している。⑶は近年ソフトの進化で徐々に自動化されつつある範囲である。全体で13講，1日1講ずつ取り組んで2週間弱で習得できる。1年次の前期の情報科目の授業で十分こなせるレベルの課題，演習である。こうしたコンセプトは，本書の前身である『経済系のための情報活用』が2006年11月に発行された際に提示したものであるが，2009年10月の改訂『経済系のための情報活用 Excel 2007』，Office 2013をベースにした菊地進・岩崎俊夫編著（2013）『経済系のための情報活用1』，それに続く櫻本健編著（2019）『経済系のための情報活用1』でも同じ方針を引き継いできた。本書は1年生の情報リテラシーの基礎をカバーしている。

　本書の作成に当たって，編著者は未熟な経験と技量を痛感する日々であったが，幸い多くの方々に助けられた。実教出版の永田東子氏に目の覚めるような正確無比な多数の指摘をいただき，内容の改定に役立てた。また，授業を担当いただいている助教の先生方からご指摘をいただいた。今回の著者の先生方，これまで本書執筆を担当なされてきた先生方や多くの関係者にはこの場を借りて厚く御礼申し上げたい。

　2025年2月　　　　　　　　　　　　　　　　　　　　　　　　　　　　櫻本　健

CONTENTS ———————— もくじ

第 1 編 パソコン利用の基礎を身に付ける

第 1 講　Officeの基礎と情報検索　　8

- 1 — 1　Officeの基礎…………8
- 1 — 2　情報検索…………12
- 1 — 3　ネットワーク利用上の注意…………19

第 2 講　Wordの基本を学ぶ　　24

- 2 — 1　Wordの画面構成…………24
- 2 — 2　Wordを用いた簡単な文書の作成…………25
- 2 — 3　数式を含む文書の作成…………31

第 3 講　Excelの基本を学ぶ　　34

- 3 — 1　Excelの画面構成…………34
- 3 — 2　簡単な表とグラフの作成…………36
- 3 — 3　グラフから特徴を読み取る…………42
- 3 — 4　Excelの主要な関数…………43

第 4 講　PowerPointの基本を学ぶ　　48

- 4 — 1　プレゼンテーションとは…………48
- 4 — 2　PowerPointの操作方法…………49

第 2 編 マクロとミクロの経済を分析する

第 5 講　企業の財務比率を比較する　　62

- 5 — 1　財務諸表とは…………62
- 5 — 2　主な財務比率とその利用…………64

第 6 講　家計消費の特徴を知る　　72

- 6 — 1　構成比と増減率…………72
- 6 — 2　寄与度と寄与率…………73

第 7 講　国内総生産（OECD諸国）の分布を見る　　85

- 7 — 1　度数分布表…………85
- 7 — 2　ヒストグラム…………86

第 8 講　賃金・貯蓄データを読む　　96

- 8 — 1　代表値（平均）と偏差…………96
- 8 — 2　基本統計量と分析ツール…………101

第3編 利子と価格の変動を計る

第 9 講 金利計算のシミュレーション ……… 108

9 — 1 金利計算の基本……………108
9 — 2 現在価値と将来価値……………114

第 10 講 価格変動を測定する ……… 120

10 — 1 物価変動とその測定……………120
10 — 2 物価指数……………124
10 — 3 デフレーター……………129

第 11 講 外国為替レート変化の影響をとらえる ……… 133

11 — 1 外国為替……………133
11 — 2 内外金利差と外国為替レートの変化……………139

第4編 データを整理し集計する

第 12 講 地域の経済指標を比較する ……… 144

12 — 1 県内総生産と操作の概要……………144
12 — 2 県内総生産の並べ替え……………146
12 — 3 フィルターによる1人当たり県民所得の抽出……………152
12 — 4 RESASによる地域情報……………154

第 13 講 個票データを集計する ……… 157

13 — 1 個票データの集計……………157
13 — 2 IF関数・IFS関数を用いたグルーピング……………161

索 引……………170

> 本書で使用するデータは下記 URL からダウンロードできます。
> https://www.jikkyo.co.jp/download/
> 「経済系のための情報リテラシー」と検索してください。

Windows 11，Word，Excel，PowerPoint は Microsoft Corporation の，その他，本書に掲載された社名および製品名は各社の商標または登録商標です。
本書は 2024 年 9 月現在の状態の Windows 11 および Office 2021 をもとに作成しております。お使いの環境によっては掲載されている画面図と同じにならない場合もございますので，あらかじめご了承ください。

第 1 編

パソコン利用の基礎を身に付ける

第 1 講 Officeの基礎と情報検索

1 — 1　Officeの基礎

1 — 2　情報検索

1 — 3　ネットワーク利用上の注意

第 2 講 Wordの基本を学ぶ

2 — 1　Wordの画面構成

2 — 2　Wordを用いた簡単な文書の作成

2 — 3　数式を含む文書の作成

第 3 講 Excelの基本を学ぶ

3 — 1　Excelの画面構成

3 — 2　簡単な表とグラフの作成

3 — 3　グラフから特徴を読み取る

3 — 4　Excelの主要な関数

第 4 講 PowerPointの基本を学ぶ

4 — 1　プレゼンテーションとは

4 — 2　PowerPointの操作方法

第 1 講 Office の基礎と情報検索

レクチャーポイント
❶Office の基礎
❷インターネットを利用した情報・資料の入手
❸ネットワークの安全な利用

スキルチェック
❶Word を用いた Office アプリの基礎的操作
（起動，ファイルの保存，終了，ファイルを開く）
❷文献の検索
❸統計データの入手

1-1　Office の基礎

1-1-1　Office アプリの起動

　Microsoft Office には，買い切り型でアップデートがされない Office 2021，2024 といった永続ライセンス版と，常時アップデートがなされるサブスクリプション版の Microsoft 365 の 2 種類がある。Office には，文書作成のための Word，表計算のための Excel，プレゼンテーションのための PowerPoint などいくつかのアプリケーションソフトウェア（以下，アプリ）が入っている。ここでは，それらのアプリに共通する基礎的な事項を説明する。
　Office アプリの種類によって，作成されるデータファイルが異なる。データファイルには，それぞれアイコンと呼ばれる絵がついており，どのアプリで作成されたか容易に見分けることができる。

<Word で作られた文書>　　<PowerPoint で作られた　　<Excel で作られたワークシート>
　　　　　　　　　　　　　　プレゼンテーション文書>

　画面左下のスタートボタン￭をクリックし，開いた［スタート］メニューから Office アプリの Word，Excel，PowerPoint を利用できる。ここでは Word を使ってみよう。
　「ピン留め済み」の一覧に Word がない場合は，右上の［すべてのアプリ］をクリックし，表示されたリストの中から「W」の項目に行き，Word をクリックして起動する。

▲Windows 11 の［スタート］メニュー

　よく利用するアプリは［スタート］メニューやタスクバーにピン留めしておくと，便利である。［すべてのアプリ］の中にあるピン留めしたいアプリのアイコン上で右クリックし，表示されたメニューから［スタートにピン留めする］を選ぶと，［スタート］メニューに表示されるようになる。また，同様に表示されたメニューから［詳細］－［タスクバーにピン留めする］を選ぶと，タスクバーに表示されるようになる。このように，自分の使い方に応じて設定を工夫すると，作業の効率化につながるため，効率化を追究しよう。なお，Chrome といったブラウザーや Zoom のようなオンラインツールといったよく使うアプリは最初からタスクバーにピン留めされていることが多い。

▲Windows 11 のタスクバー

　Word のアイコンをクリックし，Word を起動してみよう。Word の起動画面は次のようになっている。ここでは新しい文書を作成するので，左上の［白紙の文書］をクリックする。

▲Word の起動画面

1-1　Office の基礎　　**9**

1-1-2 リボン

　画面上部にあり，さまざまなコマンドボタンが登録されている。コマンドボタンは関連する機能ごとにタブで分類され，それぞれのタブの中はグループごとに分類されている。また，ダイアログボックス起動ツールをクリックするとダイアログボックスが表示される。

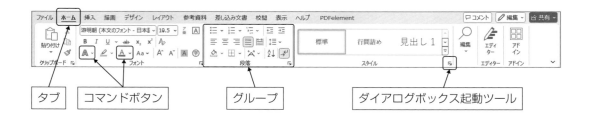

1-1-3 ダイアログボックス

　［レイアウト］タブ－［ページ設定］グループのダイアログボックス起動ツールをクリックすると，［ページ設定］ダイアログボックスが起動する。ダイアログボックスでは，コマンドを実行する際の詳細な設定を一度にすることができる。

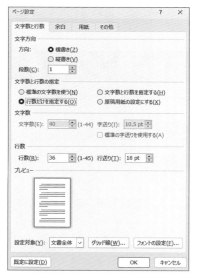

▲［ページ設定］ダイアログボックス

▲［フォント］ダイアログボックス

1-1-4　作成したファイルの保存

　Wordの入力画面が開いたら，何か入力してみよう。自分の名前でも自己紹介でも構わない。入力が最後までできたら，作成した文書を「課題101」というファイル名でデスクトップに保存してみよう。

　［ファイル］タブ－［名前を付けて保存］－［参照］をクリックする。［名前を付けて保存］ダイアログボックスが表示されるので，保存先として「デスクトップ」（自分のPCに保存するときは「ドキュメント」）を選び，ファイル名に「課題101」と入力し，保存(S)ボタンをクリックする。

　さてここで一休み。画面右上の×（閉じる）をクリックし，Wordをいったん終了しよう。

1-1-5　ファイルを開く

　Wordを起動する。「最近使ったアイテム」に先ほど保存した「課題101」というファイルがあるだろう。クリックし，文書を開いてみよう。先ほどの文書を開くことができただろうか。確認してみよう。確認ができたら，そこでWordを終了しよう。

　なお，WindowsにもAIが搭載されている。検索して何かを調べる，Officeの操作を尋ねるといった際でもAIは有用なツールとなる。タスクバー上にあるCopilotボタンをクリックすると起動することができ，いつでも質問して利用できる。

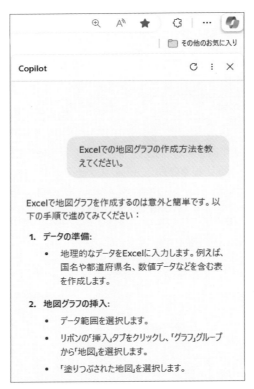

▲Copilotの使用例

1-1　Officeの基礎　11

1-2 情報検索

1-2-1 さまざまな情報の所在を知る

以前は情報を収集する際，図書，雑誌，新聞，統計資料など印刷媒体を利用することが多かった。現在では多くの資料がインターネット上で公開されており，デジタルデータの形で入手可能である。このような資料は世界中に無数に存在するが，その中から経済学を学ぶ際によく使うであろうデータの所在地をいくつか紹介しよう（以下の URL 等は 2024 年 9 月の情報に基づく）。

統計情報を探す

政府統計の総合窓口（e-Stat）	https://www.e-stat.go.jp
日本の政府統計に関する情報のワンストップサービスを実現することを目指した政府統計ポータルサイト。GIS 機能が拡充され，簡易的分析なら誰でもできるようになっている。	
総務省統計局	https://www.stat.go.jp
国勢調査，労働力調査，家計調査など重要な統計資料を提供している。	
地域経済分析システム RESAS	https://resas.go.jp/
公的統計のページではなく，地域政策分析のページで一部公的統計と民間ビッグデータが利用できるようになっている。公的機関用サイトは非公開で，一般用サイトのみ利用可となっている。	
内閣府経済社会総合研究所	https://www.esri.cao.go.jp
国民経済計算（SNA），GDP のデータはここで公表されている。	
経済産業省の統計ページ	https://www.meti.go.jp/statistics/
工業，商業，サービス業など産業にかかわる統計データを提供している。	
厚生労働省の統計ページ	https://www.mhlw.go.jp/toukei/itiran/index.html
人口・世帯，保健，社会福祉・社会保障，雇用・賃金などにかかわる統計データを提供している。	
OECD Data Explorer	https://data-explorer.oecd.org
経済協力開発機構 OECD が加盟諸国（主に先進主要国）から収集した統計や OECD が推計した統計が掲載されている。国際比較の場合，OECD のデータが最も使いやすい。多数の国の財政・金融分析には IMF のデーターベース（International Financial Statistics，IFS），途上国との比較では世界銀行のデータベース（World Bank Open Data）がよく利用される。	

財務情報を探す

日本取引所グループ（JPX）	https://www.jpx.co.jp
上場会社を中心としたわが国主要企業の会社情報が集められている。	
金融庁 金融商品取引法に基づく有価証券報告書等の開示書類に関する電子開示システム（EDINET）	https://disclosure2.edinet-fsa.go.jp/WEEK0010.aspx
有価証券報告書，半期報告書，公告等が集められている。	

本や論文を探す

国立国会図書館サーチ（NDL サーチ）	https://ndlsearch.ndl.go.jp
国立国会図書館が所蔵する図書について検索できる。	
CiNii Research	https://cir.nii.ac.jp
日本の論文を検索できるデータベース・サービス	
CiNii Books	https://ci.nii.ac.jp/books/
全国の大学図書館などが所蔵する図書・雑誌の横断検索ができる。	
立教大学 図書館蔵書検索	https://library.rikkyo.ac.jp/
立教大学で所蔵する書籍を検索できる。	
東京大学 OPAC	https://opac.dl.itc.u-tokyo.ac.jp/opac/opac_search/
東京大学で所蔵する書籍を検索できる。	
Google ブックス	https://books.google.co.jp
書名や著者名だけでなく内容まで検索対象とした書籍の検索ができる。	
Google Scholar	https://scholar.google.com
学術専門誌，論文，書籍といった学術資料を検索できる。	

新聞の情報を探す

日本経済新聞	https://www.nikkei.com
読売新聞オンライン	https://www.yomiuri.co.jp
朝日新聞デジタル	https://www.asahi.com
新聞報道は重要な情報源となる。	

　このほかにも，新聞・経済雑誌各誌が提供する有料のオンラインデータベースとして，「日経テレコン 21」（日本経済新聞社の新聞記事，雑誌記事，企業情報などを入手できる）や「ProQuest」（世界各国の論文，雑誌記事，新聞記事を入手できる）などがあり，図書館といった場所で利用することができれば大変便利だ。

1-2-2 文献を探す

> **課題 1**
> CiNii Research（https://cir.nii.ac.jp）を利用して，「少子高齢化」に関する雑誌論文を検索しなさい。

操作手順

❶ ブラウザー（例 Google Chrome）を起動する。
❷ アドレスバーに CiNii Research の URL を入力し，Enter を押す。
❸ CiNii Research のトップページが表示される。

❹ 検索語の入力欄にキーワード"少子高齢化"と入力し，検索ボタンをクリックする。
❺ 検索結果が表示される。
❻ 該当する論文が数千件表示される。少し多すぎるので，キーワードを追加して絞り込んでいこう。
❼ 検索語の入力欄で，"少子高齢化"の後ろにスペースをはさんで"人口減少"と入力し，検索ボタンをクリックする。
❽ 新たな検索結果が表示されるが，今度は件数がずいぶん絞り込まれている。
❾ 表示された論文名をクリックすると，記事情報が表示される。論文によっては，論文の本文を読むことができるものもある。

1-2-3　統計データを入手する

政府統計の総合窓口（e-Stat）は，政府統計のポータルサイトである。各府省等が公表する統計データや各種統計情報を一つにまとめられ，データを一括で検索したり，地図上に表示したりすることができる。ここでは e-Stat で統計データをダウンロードした後に「地図で見る統計」（統計GIS）を利用する。e-Stat では，jSTAT MAP という各種統計データを地図上に表示して視覚的に統計を把握できる地理情報システム（GIS）を提供している。

課題 2

政府統計の総合窓口（e-Stat）を利用して，2020 年（令和 2 年）国勢調査による男女別人口及び世帯数（全国データと都道府県別データ）を入手しなさい。

操作手順

❶ ブラウザー（例 Google Chrome）を起動し，アドレスバーに e-Stat の URL（https://www.e-stat.go.jp）を入力して，e-Stat の Web サイトを表示する。

❷ 【統計データを探す】の項目内にある「分野」をクリックし，次の画面から「人口・世帯」分野の「国勢調査」を選んで，国勢調査のページに進む。次に国勢調査のページの「都道府県・市区町村別の主な結果」のファイルを選ぶ。次の画面から再度「都道府県・市区町村別の主な結果」を選び，「令和 2 年」の右側の Excel ボタンをクリックしてデータをダウンロードする。ファイルを開いてデータを確認したら，Excel を終了する。

1-2-4　地図データを活用する

近年，地理データを活用する動きが世界的に急速に広がっている。日本の総務省は，e-Stat の機能を拡充し，「地図で見る統計（jSTAT MAP）」を利用して地理情報システム（GIS）による分析が誰でも行えるように仕組みを整えてきた。

jSTAT MAP による GIS 機能は 2 つあり，ログインなしに利用する簡易的な GIS 機能とログインした上で利用する GIS 機能がある。特におすすめは後者で，航空法に基づくドローンの飛行，自動販売機・コンビニ・レストランなど飲食店の出店分析，災害避難といった小地域分析に特に威力を発揮するため，民間企業での利用が広がるようになってきている。

◆jSTAT MAP で利用できる機能

jSTAT MAP で利用できる機能には，次のようなものがある。
- ・利用者の保有するデータを取り込んで分析する機能
- ・任意に指定したエリアにおける統計算出機能
- ・地域分析レポート作成機能

これらの機能をすべて利用するためには，事前に無料のアカウント（e-Stat のアカウント）を取得した上でログインすることが必要である。

◆jSTAT MAP の使い方

地図の移動操作は，基本的に Google Map と同じである。画面上部のメニューバーあるいは右下の「統計地図作成」をクリックすると，「レポート作成」「統計グラフ作成」「エリア作成」「プロット作成」の 4 つのメニューが表示される。「レポート作成」は，地図上に表示されたデータをダウンロードできる。「統計グラフ作成」では，地図上にデータを表示する。「エリア作成」と「プロット作成」では，エリア（面情報）やプロット（ポイント情報）を設定できる。

画面右上のツールバーには主に以下のような機能がある。

　　　計測：距離計測・面積計測。
　　　サブ地図：地図画面を 2 分割表示。
　　　案内図：案内図の表示／非表示。
　　　矩形選択：地図上で矩形を指定してその範囲を画面全域表示。

▲ツールバー

課題 3

jSTAT MAP を利用して，東京都周辺の「単独世帯の割合」を地図上に表しなさい。次に地図上に表されたデータをダウンロードしなさい。

操作手順

❶ e-Stat のトップページ「統計データを活用する」の項目内にある「地図」をクリックし，「統計地理情報システム」のページで「地図で見る統計（jSTAT MAP）」をクリックする。

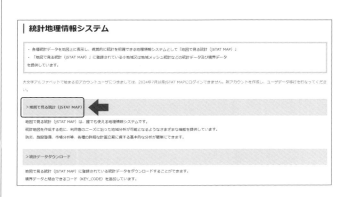

ログインするとすべての機能が利用できるが，ここでは「ログインしないで始める」を選択する。

❷ 地図の縮尺等を調整して東京都全域が表示されるようにする。

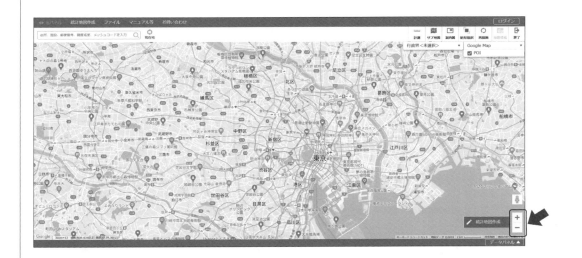

❸ 統計データを地図で表す。メニューバーあるいは右下の「統計地図作成」を選択し，プルダウンメニューから「統計グラフ作成」を選択する。

❹ 表示されたダイアログボックスで必要事項を選択する。調査名に「国勢調査」，年に「2020 年」，集計単位に「小地域（町丁・字等）」，統計表に「単独世帯の割合」を選択する。右の指標の一覧の中から「単独世帯の割合」にチェックを入れ，下の「▼指標選択」をクリックし，「次へ」をクリックする。

❺ 次のダイアログボックスでは，集計単位を選択する。統計データの集計単位あるいは事前に作成したエリアを選択できる。ここでは「画面表示範囲」を選択して「集計開始」をクリックする。

❻ 処理が行われ，地図上に統計データが表される。

❼ 統計データをダウンロードする。「統計地図作成」から「レポート作成」を選択する。

❽ 地図とデータのみの「シンプルレポート」と詳細な地図上のデータの「リッチレポート」がある。リッチレポートはログイン時のみ利用可能である。ここではシンプルレポートを選択する。

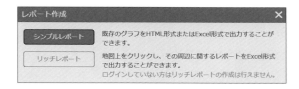

❾ シンプルレポート作成のダイアログボックスで入手したいデータを選択し,「Excelレポート作成」を選択すると処理がなされ,表示されたメッセージで「ダウンロード」をクリックすると,地図上のデータがダウンロードできる。

1-3 ネットワーク利用上の注意

1-3-1 情報関連の法律・セキュリティ

　情報関連の科目は,高校でも共通必修科目「情報Ⅰ」をはじめ,積極的に教えられてきている。高校の学習内容は大変広範囲な内容を網羅している一方で,学校や担当教員によって内容にかなり程度の差が出ている。しかし,いずれも授業で使用するテキストは大変わかりやすく,最新の状況に合わせた詳細な内容を網羅している。ここでは細かくは省くが,もし改めて学ぶ場合は,情報のテキストにぜひ改めて目を通していただければ幸いである。
　この節の内容についてさらに学びたい場合は,佐藤万寿美・高橋参吉他著『超スマート社会を生きるための情報のセキュリティと倫理』(実教出版,2023年) といった書籍も参考願いたい。

情報関連の法律

　情報の分野に関連する法律は,著作権法,個人情報保護法,プロバイダ責任制限法,不正アクセス禁止法の4つである。
　著作権法は,著作権を保護して利用を定めたものである。著作物を利用する場合,特例を除き著作権者の許諾を得なければならない。なお,学校等の教育機関における授業では適切な範囲で例外的に著作権者に無許諾で著作物を利用できるほか,教育機関設置者の多くは,補償金を「一般社団法人授業目的公衆送信補償金等管理協会」に支払うことにより,インターネット経由での授業においても無許諾で著作物を利用できる授業目的公衆送信補償金制度を利用している。
　個人情報保護法は,個人情報の有用性に配慮しつつ,個人の権利・利益を保護することを目的として,個人情報を収集・利用する個人情報取扱事業者の義務などを規定している。
　ブラウザーでインターネットにアクセスする際に,Cookie (閲覧履歴やユーザーIDなど) の取

得を許可することにより利便性が向上するケースがあるが，Cookie にはユーザー ID やパスワードなどの重要な情報が含まれることがあり，不正アクセスなどにより情報漏洩した際のリスクが非常に大きい。

また，第三者がアクセスする SNS（ソーシャル・ネットワーキング・サービス：Social Networking Service）である LINE，Facebook，Instagram などに他人の写真を掲載するといった場合には，その人に肖像権があるため許可を取っておくといったことが求められる。

プロバイダ責任制限法は，名誉棄損や著作権侵害があったときに，プロバイダ等が負う損害賠償責任の範囲や被害者が情報発信者の情報開示を請求する権利などを定めている。

不正アクセス禁止法は，他人の ID とパスワードで本人になりすましてシステムに侵入するといったケースを規制している。

また，法律で規定されていないが，プライバシー権（「私生活をみだりに公開されない」権利），肖像権（本人の許諾なしに顔写真などを利用されたりしない権利），パブリシティ権（有名人の肖像を勝手に使われない権利）も日本の判例では認められているため，配慮が求められる。

ソーシャルメディアの活用とリスク

私たちの周辺のソーシャルメディアには，X，Instagram，Facebook，LINE といった SNS，Youtube といった動画共有アプリ，ブログといったものがある。情報共有の利便性が高くなる一方で，情報漏洩，不正アクセス，さまざまな権利侵害などが近年多く報告されている。ソーシャルメディアの情報公開の範囲を管理し，明確な法律違反だけでなく，他人が不快になる情報や他人に迷惑がかかることが予想される情報を発信しないように気を付けよう。

ネットワークの利便性とリスク

デジタル空間が広がるにつれて，物理的な移動を伴わなくても買い物や打合せができるようになり，ますます利便性が高くなっている。一方で電子商取引の不正，オンライン詐欺，ハッキング，他人のなりすまし，誹謗中傷などの迷惑行為といったありとあらゆる犯罪やトラブルも多発している。利便性が高まるとともに，手を変え品を変え，次々に新たな犯罪は登場している。個人の ID，パスワードといった個人認証の重要な情報を他人に教えたりすることは避けるだけでなく，日頃からニュースなどに気を配り，新手のデジタル犯罪に巻き込まれないように感度を高くしていこう。

データのバックアップ

電子的なデータは壊れたり読めなくなってしまったりする可能性がある。大切な課題論文のデータが失われて，課題が提出できずに単位を落としたり，卒業論文のデータが消えて卒業が一年遅れてしまったりという事例は毎年あちこちで起きている。

重要なデータはもう一つ別の媒体に保存しておくことが必要である。USB メモリといった物理的な媒体やクラウド空間での保存を通じて面倒でもデータのバックアップをとることが重要だ。最近では，ネットワーク上で記憶領域を提供する Dropbox や Evernote などのクラウドサービスもあるので，上手に活用できれば便利である。

コンピュータウイルスと電子メール

コンピュータウイルスは，パソコンに侵入してパソコンや情報端末に被害を与えるプログラムで

ある。詐欺や犯罪の疑いのある電子メールは，自動的に迷惑メールに割り振られている場合が多いが，開いただけでウイルス感染するケースもある。怪しいメールはできるだけ開かないようにしよう。また，怪しい Web サイトには近づかないように気を付けよう。

なお，Microsoft 製品の場合は，自動的に付帯している Microsoft Defender でウイルス対策やファイアーウォール機能が提供されている。

公衆 Wi-Fi からセキュリティの穴をつく犯罪も世界で多く発生している。他人が情報端末を許可なく利用するといった情報セキュリティ問題も多く発生している。犯罪はセキュリティの穴をついて次々に登場している。完全なネットワーク対策はないと考え，なるべくあらかじめ気を付けるようにしておこう。

1-3-2 インターネットで情報をやり取りする際の注意点

情報を収集する際の注意点

①あらかじめテーマについての基礎的な勉強をしておかないと，何を探せばいいのかがわからない

調べたいテーマについて，あらかじめ基礎的な学習をしておこう。たとえば「貿易に関する政策の変化がわが国の農業に与える影響」について調べたいとき，「そもそも NAFTA，EU，TPP とはなんなのか」，「わが国の農業の現状」，あるいは「現在の貿易のルール」などについてあらかじめ基礎的な知識を得ておかなければ，どんなデータを調べればいいのかすらわからないだろう。やみくもに手当たり次第にデータを探すのではなく，まず，そのテーマについて基本的な図書，辞典などで基礎的な勉強をして，前提となる知識を得ておくことが必要である。

②誰が作成したかわからない情報やデータは使わない。政府，研究機関などが作成した一次資料を中心に使い，Wikipedia はとりあえずの手がかりとしての利用にとどめる

インターネットを使うと，居ながらにしてさまざまな情報やデータを入手することができる。また，情報を自分から発信することも容易だ。これはインターネットの大きな利点であるが，裏を返せば，誰でもそれらしいデータを作成してインターネットに発信することができるということだ。悪意か不注意かにかかわらず，不正確で間違った情報がインターネット上にはたくさん存在し，そうした情報やデータは無批判に利用されることでさらに拡散していく。インターネットから情報やデータを得るときには，その情報やデータの作成者が誰なのかに注意を払わなければならない。

政府機関や信頼のおける研究機関が作成した一次資料を中心に使い，作成者のはっきりしない情報やデータは参考としての使用にとどめておこう。事項を調べる際によく用いられる Wikipedia も情報の作成者が特定できず，責任の所在もはっきりしないという意味では，必ずしも信頼性の高い情報だとはいえない。とりあえずの手がかりを得るためのツールであると考え，全面的に依拠することは避けよう。最近では人工知能を通じて知らないうちに他の著作物を利用しているケースもよく起きている。許諾なく不確かな情報を利用することには大きなリスクがあるため，信頼できる情報を調べて利用しよう。

1-3 ネットワーク利用上の注意 **21**

③すべての資料がインターネット上にあるわけではない

　インターネット上には膨大な情報やデータがあるが，当然のことながらすべての情報やデータが利用可能なわけではない。古い資料はその多くが電子データ化されずに紙媒体で残っているし，書籍の内容は，著作権などの制約もあって，その多くが電子化されていない。こうした資料を見るためにはその資料が存在する場所まで足を運ばなければならない。

　大学の図書館などでは，大学が契約した多くの有料データベースを無料で利用することができる。ここでは通常無料で提供されるデータより専門的で詳しいデータを入手することができる。

④図書館，書店，古書店などで実物の資料に触れることも大切

　インターネットのみで資料を探さず，ときには図書館や書店，古書店などを訪れてみよう。図書館では，許されるなら書庫にも入ってみよう。図書館や書店では近い分野の図書をまとめて並べてあるので，目当ての図書のそばに知らなかった図書が見つかるかもしれない。書庫で本に囲まれて数時間を過ごすというのも大学生の醍醐味のひとつではないだろうか。

▌情報を発信する際の注意点

　まず第一に，インターネットの世界では完全な匿名性というのは存在しないと考えよう。匿名掲示板や本名を隠したSNSであっても，発言した人は何らかの形で特定されうる。ネットの世界であっても情報を発信する際には責任を持って行うようにしなければならない。

①ハラスメントをしない

　ハラスメントとは，それを行った本人の意図には関係なく，他者に対する発言や行動が相手を不快にさせたり不利益を与えたり怖い思いをさせたりすることをいう。ハラスメントは実際の生活の中でも数多く生じるが，インターネット・SNSの世界ではとくに軽い気持ちで書いたひと言が相手を傷つけたり不快な気持ちにさせることがしばしば起こる。情報や意見を公表する際には一度立ち止まって他者に対するハラスメントとならないかどうか再確認する慎重さを持つこと。

②公序良俗に反する行為はしない

　公共の秩序や社会の一般的道徳観念を乱すような発言や画像の投稿はやめよう。インターネットは悪事を告白する場所でも，アウトローを気取る場所でもない。

③個人情報の扱いには気を付ける

　何の気なしに載せた自宅の情報や生年月日，日頃の行動パターンが推測されるような書き込みなどをきっかけに犯罪に巻き込まれたり，不利益を蒙ったりする事件が多く発生している。一度インターネットに流れた情報は後で削除しても間に合わない場合が多い。個人情報の管理には気を付けよう。また，自分の個人情報だけでなく，友人や家族など他者の情報の管理にも留意すること。

④著作権，肖像権を侵害しない

　多くの著作物には著作権，肖像権がある。他人の文章や他人を写した写真，音楽作品の再掲載など，意図的か否かにかかわらず，情報を発信する際にこうした権利を侵害しかねない場面は多い。著作権，肖像権の内容を知り，侵害することのないように気を付けよう。著作権については，公益社団法人著作権情報センターの Web サイト（https://www.cric.or.jp/）を参照するとよい。

演習問題

1. 国立国会図書館サーチの簡易検索を利用して，表題に［経済学］「情報活用」の両方を含む資料が何件あるか調べなさい。

2. CiNii Research を利用して，表題に「日本銀行」と「金融緩和」の両方を含む論文が何件あるか調べなさい。

3. jSTAT MAP を利用して，東京都周辺の「持ち家世帯の割合」を地図上に表しなさい。次に地図上に表されたデータをダウンロードしなさい。

1-3　ネットワーク利用上の注意　**23**

第 2 講 Word の基本を学ぶ

レクチャーポイント
❶簡単な文書の作成
❷数式の入力

スキルチェック
❶入力と変換
❷ファイル操作と印刷
❸文字のデザイン（フォント，文字サイズの変更など）
❹文書のデザイン（脚注，ヘッダーとフッターなど）
❺数式ツールの利用

　Word は文書作成ソフトである。はがきやパンフレットから専門的な学術論文までさまざまな文書を作るのに役立つ。Microsoft Office シリーズの文章作成ソフトであるので，本書で中心的に学ぶ Excel との連携に非常に優れている。本講では Word の持つたくさんの機能の中から，論文をまとめるために必要な機能をいくつか取り上げて説明する。

2-1　Word の画面構成

　Word を起動し，［白紙の文書］を選ぶと，次のような画面が表示される。

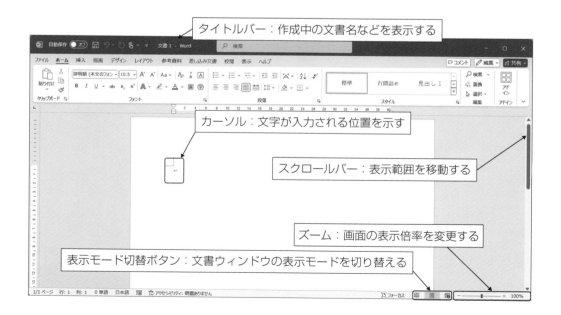

2-2 | Word を用いた簡単な文書の作成

課題 1

　次の文書を作成し，「大学での学びと引用のルール」というファイル名で保存し，印刷しなさい。（用紙は **A4 縦**，**40 字×45 行**，余白は標準，本文は **MS 明朝 10.5 ポイント**，英字は **Century**）

2024 年 7 月 27 日

大学での学びをはじめよう

大学での学びと引用のルール

学生番号●●○○○●●●△
氏名　　○○　　○○

　大学での勉強は高等学校までの勉強と大きく異なります。最も大きな違いは、学ぶ内容の正解があるかということです。高校までの勉強は基本的に、すでに正解が出ている事柄について学びます。これを「学習」といいます。これに対し大学では、まだ正解が出ていない事柄について学びます。例えば、戦争や貧困や病気をなくするためにはどうしたらよいか、あるいはこの世界や宇宙はどのようにして出来たかというような、人類がまだ正解に達していない事柄について学びます。これを「研究」といいます[1]。

　大学では自身の研究成果を、論文やレポート等の形で発表することが求められます。その発表にあたり、他の論文や記事から参考となるアイデアや文章や図表を借りて、自身の発表に役立てることもあります。その際には、<u>それがもともと誰の成果なのか、どんな業績に書かれているのか、を明らかにしなければいけません</u>。このルールに従っていれば「引用」と呼ばれ、正しいプロセスと認められます。しかし、正しく引用しなければ「盗用」や「剽窃」と呼ばれ、他人の成果を自分の成果と偽ったことになります。正しい引用の方法を理解しましょう。何より大切なのは他の人の成果に十分に敬意を払うことです。

［引用のルール］
・引用対象が文章なら、その文章を「　　」で囲み、他の部分と区別する。
・その引用対象の出典を下記の例にならって明記する[2]。
図書：
（和）著者名、『書名』、出版社、発行年、ページ
【例】菊地・岩崎・藤原・岡部・田浦、『経済系のための情報活用』、実教出版、2007 年、142 ページ
（英）Author, *Title*, publisher, year, pages
【例】N.G.Mankiw, *Principles of Economics*, South-Western Pub, 2008, p.17
雑誌論文、記事：
（和）筆者名、「論文名」、『雑誌名』、巻、号、発行年月、ページ
【例】宇良弦太、「データ解析法」、『統計学』、第 90 号、2006 年 8 月、147 ページ
（英）Author, "Title", *Journal Name*, Vol., No. Year, pages
【例】J.R.Hicks, "Mr. Keynes and the Classics", *Econometrica*, Vol.5, No.2. 1937, p.147
Web ページ：URL、取得（閲覧）年月日
【例】http://www.rikkyo.ac.jp/eco/　2024 年 3 月 20 日
新聞記事：新聞紙名、日付、朝夕刊の区別、掲載面
【例】朝日新聞、2004 年 10 月 3 日、朝刊、第 1 面

---

[1] 大学では、「研究」をするために必要な知識や技術についての「学習」も行われる。
[2] これ以外にも専門分野に応じた引用の表記のルールがある。

1

2-2　Word を用いた簡単な文書の作成　**25**

操作手順

(1) ページ設定

ここでは用紙の大きさ，文字数，行数など文書のレイアウトを設定する。Wordを起動し，［レイアウト］タブにある［ページ設定］グループのダイアログボックス起動ツール ▣ （ページ設定）をクリックする。［ページ設定］ダイアログボックスの［文字数と行数］タブで"文字数と行数を指定する"にチェックを入れた後，文字数を"40"，行数を"45"に指定する。

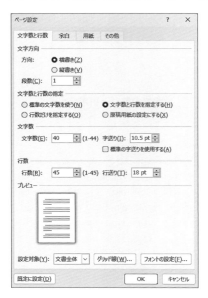

［余白］タブで余白を上35 mm，下と左右をそれぞれ30 mmとする。［用紙］タブで用紙サイズが「A4」であることを確認する。以上を設定したら［OK］をクリックする。

(2) 文章の入力

［ホーム］タブの 游明朝(本文のフォン▼ （フォント）の ▼ をクリックし，游明朝（本文）からMS明朝に変更する。はじめはフォントや文字の大きさを特に意識せず文章を入力していく。ローマ字入力で行う。タッチタイピングができるように練習しておくとよい。

まず，次ページの図の通り入力していく。表題や学生番号，氏名の配置は気にせず，左端からそのまま入力していけばよい。脚注や右上の日付，下のページ番号なども後で付けるのでここでは入力しない。既定のフォントとサイズで，何も装飾をしないで文字だけを入力する。

大学での学びをはじめよう
大学での学びと引用のルール
学生番号●●○○●●●△
氏名　○○　○○

大学での勉強は高等学校までの勉強と大きく異なります。最も大きな違いは、学ぶ内容の正解があるかということです。高校までの勉強は基本的に、すでに正解が出ている事柄について学びます。これを「学習」といいます。これに対し大学では、まだ正解が出ていない事柄について学びます。例えば、戦争や貧困や病気をなくすためにはどうしたらよいか、あるいはこの世界や宇宙はどのようにして出来たかというような、人類がまだ正解に達していない事柄について学びます。これを「研究」といいます。

大学では自身の研究成果を、論文やレポート等の形で発表することが求められます。その発表にあたり、他の論文や記事から参考となるアイデアや文章や図表を借りて、自身の発表に役立てることもあります。その際には、それがもともと誰の成果なのか、どんな業績に書かれているのか、を明らかにしなければいけません。このルールに従っていれば「引用」と呼ばれ、正しいプロセスと認められます。しかし、正しく引用しなければ「盗用」や「剽窃」と呼ばれ、他人の成果を自分の成果と偽ったことになります。正しい引用の方法を理解しましょう。何より大切なのは他の人の成果に十分に敬意を払うことです。

　[引用のルール]
・引用対象が文章なら、その文章を「　」で囲み、他の部分と区別する。
・その引用対象の出典を下記の例にならって明記する。
図書：
　(和) 著者名、『書名』、出版社、発行年、ページ
【例】菊地・岩崎・藤原・岡部・田浦、『経済系のための情報活用』、実教出版、2007年、142ページ
　(英) Author, Title, publisher, year, pages
【例】N.G.Mankiw, Principles of Economics, South-Western Pub, 2008, p.17
雑誌論文、記事：
　(和) 筆者名、「論文名」、『雑誌名』、巻、号、発行年月、ページ
【例】宇良弦太、「データ解析法」、『統計学』、第90号、2006年8月、147ページ
　(英) Author, "Title", Journal Name, Vol., No. Year, pages
【例】J.R.Hicks, "Mr. Keynes and the Classics", Econometrica, Vol.5, No.2. 1937, p.147
Webページ：URL、取得（閲覧）年月日
【例】http://www.rikkyo.ac.jp/eco/　2024年3月20日
新聞記事：新聞紙名、日付、朝夕刊の区別、掲載面
【例】朝日新聞、2004年10月3日、朝刊、第1面

（3） フォントと文字サイズの変更，太字，斜体，下線，文字揃え

◆**フォントと文字サイズを変更する。**

　表題の「大学での学びと引用のルール」という文字をドラッグして反転させ，［ホーム］タブの［フォント］グループの中にある MS明朝 ▾（フォント）の ▾ をクリックしてからフォントを"MSゴシック"にする。次に 10 ▾（フォントサイズ）の ▾ をクリックしてフォントサイズを"12"に指定する。さらにこの文字を太字にするために，B（太字）をクリックする。

◆**斜体にする。**

　「大学での学びをはじめよう」をドラッグして反転させ，I（斜体）をクリックする。

◆**強調するために下線を引く。**

　「それがもともと誰の成果なのか、どんな業績に書かれているのか、を明らかにしなければいけません。」をドラッグして反転させ，U（下線）をクリックする。

◆**行の中央と右端に配置する。**

❶ 「大学での学びと引用のルール」の行にカーソルを合わせ，［ホーム］タブの［段落］グループの中にある ≡（中央揃え）をクリックする。

❷ 「学生番号」と「氏名」の2行をドラッグして反転させ，≡（右揃え）をクリックする。

（4） 傍点とルビ

◆**傍点を付ける。**

　「他人の成果を自分の成果と偽った」に傍点を付ける。まず，この文字部分をドラッグして反転させ，［ホーム］タブ―［フォント］グループのダイアログボックス起動ツール ⬐（フォント）をクリックする。［フォント］ダイアログボックスの中の［傍点］にある ▾ をクリックして，傍点の形を選ぶ。ここでは"・"を利用しよう。［OK］をクリックすると選択部分の上に傍点が付けられる。

◆ルビを振る。

　ふりがなのことをルビと呼ぶ。ここでは，「学習」，「研究」，「引用」，「盗用」，「剽窃」にルビを付ける。まず，ルビを付けたい文字の部分をドラッグして反転させ，［ホーム］タブの［フォント］グループにある▣（ルビ）をクリックする。［ルビ］ダイアログボックスが開き，対象文字列とルビが自動的に表示される。ルビが正しければそのまま，間違っていれば修正して［OK］をクリックすると，本文にルビが正しく付けられる。

　このままだとふりがなを付けた行の行間だけが広く空いてしまっている。これを等間隔に変更しよう。等間隔にしたい6行目「大学での〜」から18行目「〜払うことです。」までを選択して反転させ，［ホーム］タブの［段落］グループのダイアログボックス起動ツール▣（段落の設定）をクリックする。［段落］ダイアログボックスの［間隔］の"行間"を「固定値」，"間隔"を「19 pt」とし，［OK］をクリックする。これでふりがなを付けた行の行間も統一される。

(5)　脚注の挿入

　まず，22行目の「…出典を下記の例にならって明記する。」という文章に脚注を付ける。カーソルを「明記する」の後ろに置いて，［参考資料］タブの［脚注］グループにある▣（脚注の挿入）をクリックする。すると，「明記する」の後ろに脚注番号「1」が付き，ページの下方に脚注を入力することができるようになる。P.25に示されている課題の完成例を参照し，脚注2の文章「これ以外にも〜がある。」を入力する。

　ところで，課題の完成例には11行目の「…「研究」といいます。」という文章にも脚注が付いている。ここにも脚注を付けよう。方法は先ほどと同じである。新しく作成した脚注に「1」という脚注番号が付き，先ほどの「明記する」に付けた脚注番号が「2」に変わる。このように，脚注機能を使えば，自動的に順番通りに脚注番号が付けられる。脚注番号を確認したら完成例を参照し，脚注1の文章「大学では〜行われる。」を入力する。その後，本文にあわせて脚注のフォントを游明朝からMS明朝へ変更する。

2-2　Wordを用いた簡単な文書の作成　29

(6) ヘッダーとフッター

　課題の完成例には，右上に日付が，中央下にページ番号が記されている。このように欄外において さまざまな情報を載せる部分のうち，ページの上部に配置するものをヘッダー，ページの下部に配置するものをフッターという。ヘッダーやフッターは［挿入］タブ－［ヘッダーとフッター］グループの ▯（ヘッダー）や ▯（フッター）をクリックすることで表示できる。ヘッダーやフッターには自由に好きな事項を書き込むことができる。

◆**ヘッダーを入力する。** ···

　❶　［挿入］タブ－［ヘッダーとフッター］グループの ▯（ヘッダー）をクリックし，メニューの下のほうにある［ヘッダーの編集］をクリックする。すると，［ヘッダー／フッター］タブが現れるので，その［挿入］グループにある ▥（日付と時刻）をクリックする。［日付と時刻］ダイアログボックスから適当な表示形式を選んで［OK］をクリックすると，自動的に今日の日付が入力される。適当な表示形式を選ぶには，［言語の選択］を"日本語"，［カレンダーの種類］を"グレゴリオ暦"にするなどしてみよう。

　❷　ヘッダーの入力部分を選択し，［ホーム］タブ－［段落］グループにある ▤（右揃え）をクリックすると，ヘッダー全体が右上に表示される。

◆**フッターを入力する。** ···

　❶　［挿入］タブ－［ヘッダーとフッター］グループ－［ページ番号］－［ページの下部］－［番号のみ 2］をクリックする。あわせて，ヘッダーとフッターのフォントを游明朝から MS 明朝へ変更する。

　❷　以上ができたら，ヘッダーとフッターを閉じる。［ヘッダー／フッター］タブ－［閉じる］グループの ☒（ヘッダーとフッターを閉じる）をクリックする。

(7) 文書の印刷

　最後に，文書をプリンタで印刷する。［ファイル］タブから［印刷］を選び，印刷ボタン 🖶 をクリックして印刷を行う。

(8) 文書の保存と終了

　作成した文書にわかりやすいファイル名を付けてドキュメントフォルダに保存し，Word を終了する。

30　第 2 講　Word の基本を学ぶ

2-3 数式を含む文書の作成

課題 2

次の文書を作成しなさい。

相加平均を計算する

学生番号●●○○●●●△
氏名　○○○○○

　相加平均とは、複数のデータの値の総和を、データの個数で除した値です。

　たとえば、生徒数5人のクラスがあるとします。100点満点のペーパーテストを実施したところ、この5人の得点が、83点、80点、72点、90点、75点であった場合に、このクラスの平均点、すなわち、この5人のテストの得点の相加平均は、

(83+80+72+90+75)÷5 = 80

となります。

　相加平均の一般式は次のとおりです。n個のデータに関して、

$$\bar{x} = \frac{x_1 + x_2 + \cdots + x_n}{n} = \frac{1}{n}\sum_{i=1}^{n} x_i$$

具体的な計算例は、

$$\bar{x} = \frac{83 + 80 + 72 + 90 + 75}{5} = 80$$

です。

操作手順

◆文章の入力と数式ツールの起動

❶　本文の「…n個のデータに関して、」までを入力し，改行する。本文のフォントはMS明朝，英字はCentury，フォントサイズは10.5とする。

❷　表題のフォントサイズを16に変更し，表題を中央揃えにし，学生番号，氏名を右揃えにする。ここからの数式入力では左右矢印キーを使って入力設定を終わらせたり，前の入力欄に戻ることが多くありうる。また，タイトルバーの左にある戻るボタン とやり直しボタン を活用する。操作を間違えた場合，戻るボタンで戻ってから再度仕切り直すとよいだろう。

❸　［挿入］タブにある （数式）をクリックし，数式ツールを起動する。

2-3　数式を含む文書の作成　**31**

◆数式ツールの利用 ···

＜［数式］タブ＞

❶　ボックス内に半角で「x」を入力する。

❷　オーバーバーの入力

　　入力した「x」をドラッグして反転させ，［数式］タブの［構造］グループの $\ddot{a}$（アクセント）をクリックし，表示されるさまざまな記号の中から $\Box$（横線）をクリックして，オーバーバーを入力する。右矢印キーを 2 回（1 回目：x の入力設定を終えるのに必要，2 回目：オーバーバーの設定終了）押して次の文字入力に移る。左右矢印キーの操作は説明が長くなるため以降では略す。

❸　分数の入力

　　［数式］タブの［記号と特殊文字］グループの等号 $=$ を入力した後，［構造］グループの $\frac{x}{y}$（分数）をクリックし，表示されるさまざまな記号の中から $\frac{\Box}{\Box}$（分数（縦））をクリックして分数の入力を行う。

❹　分子の部分をクリックして「x_1」を入力する。e^x（上付き／下付き文字）をクリックし，$\Box_\Box$（下付き文字）をクリックする。それぞれの欄に「x」，「1」を入力する。次に「＋」を入力し，x_2，x_n についても同様の操作を行い，「2」と「n」を下付き文字にする。「…」については［記号と特殊文字］グループの $\cdots$ をクリックして入力する。数式を上手に入力するには，左右矢印キーを使い，入力したい位置に的確に移動することが重要である。

❺　分母の部分をクリックして，「n」を入力する。

❻　入力した分数の右にカーソルを合わせ，クリックする。

❼　総和記号の入力

　　［数式］タブの［構造］グループの $\sum_{i=0}^{n}$（大型演算子）をクリックし，表示されるさまざまな記号の中から $\sum_\Box^\Box$ をクリックして総和記号を入力する。

❽　下添字の部分に「$i=1$」を入力し，上添字の部分に「n」を入力する。

❾　総和記号の右にカーソルを合わせ，❹と同様に「x_i」を入力する。

❿　Word の文書部分をクリックして，Word の画面に戻り，「具体的な計算例は，」と入力して改行する。

⓫　残りの数式部分を入力する。

⓬　Word の文書部分をクリックして，Word の画面に戻り，「です。」と入力して改行する。

⓭　出来上がった文書にわかりやすいファイル名を付けてドキュメントフォルダに保存する。

⓮　文書を印刷して，Word を終了する。

32　第 2 講　Word の基本を学ぶ

●COLUMN　PCでよく使う設定，操作

ここでは，普段のPC操作で便利な機能について簡潔に紹介する。

1. エクスプローラーでのファイル操作

画面下のスタートボタン▦を右クリックして［エクスプローラー］を選択するとエクスプローラーが起動し，PC内のファイルや接続しているUSBといった機器のファイルを操作できる。

- エクスプローラーを開く ……… Windowsキー＋ E
- ファイルの複数選択 …………… CTRL を押しながらファイルを選ぶ
- ファイルの範囲選択 …………… Shift を押しながらファイルを選ぶ
- ファイルの一括選択 …………… CTRL ＋ A
- 先に進む ……………………… Alt ＋ →　　・戻る ………… Alt ＋ ←

2. 複数アプリを起動している場合に作業効率を上げる操作

- アクティブなアプリの選択 …… Alt ＋ Tab
    すべての起動しているアプリの中から Alt を押しながら Tab で移動してアプリを選ぶ。
- 目の前のアプリをすべて最小化してデスクトップを表示する …… Windowsキー＋ D

3. ブラウザー（例　Chrome，Microsoft Edge）の操作

- 誤ってタブを閉じた場合，閉じる前のタブを表示する …… CTRL ＋ Shift ＋ T

4. タスクバーの設定

アプリを事前にタスクバーに固定しておくと，素早くアプリを起動することができる。

- タスクバーに保存しているアプリの起動 …… Windowsキー＋数値
    例えば以下のタクスバーであれば，1番がCopilot，2番がExcel，3番がPowerPointとなるので，PowerPointを起動する場合，Windowsキー＋3を押せばよい。よく使うものほど左に配置しておくことが重要である。なお，Windowsキー＋アプリ名 でもアプリを起動できる。

5. 画像からテキストの認識（Power toys）

Windowsキー＋ Shift ＋ T を押して範囲を読み取り，張り付けると文字を認識してくれる。

第 3 講 Excel の基本を学ぶ

レクチャーポイント
1. Excel の枠組み（ワークシート，セルなど）の理解
2. 四則演算（＋，－，＊，／）
3. 簡単な関数（SUM, AVERAGE）の利用
4. グラフの読み取り

スキルチェック
1. 数値入力・文字入力・計算式入力・連続データの入力（オートフィルの利用）
2. 書式設定（フォント，サイズ，配置，桁区切り），罫線の設定
3. 縦棒グラフ，折れ線グラフの作成

Excel は，表を作成し，データの集計や計算，分析を行うことができる表計算ソフトウェアである。Excel を利用することで，かなり複雑な計算やグラフの作成を簡単に行うことができる。経済について学ぶために中核となるきわめて便利なソフトウェアである。

3−1 Excel の画面構成

Excel を起動し，[空白のブック]を選ぶと次のような画面が表示される。

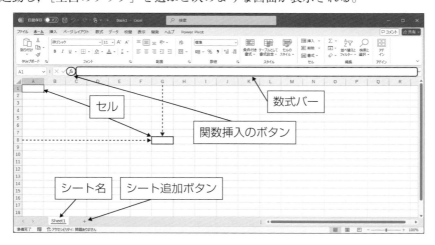

3-1-1 ワークシート，グラフシートとブック

ワークシートは，データ入力や計算ができるコンピュータ上の集計用紙であり，数枚が一つの単位になって一つのファイルを構成している。標準の設定では，新規ファイルは1枚のワークシート（Sheet 1）だけが表示される。シート追加ボタン ＋ （新しいシート）をクリックすることでシートを追加していくことができる。また，グラフを操作するのに便利なグラフシートと呼ばれるシートを作ることもできる。このようにして作られた1枚または複数のワークシートやグラフシートに

よって1冊のブックが形成される。一般にブック名がファイル名として取り扱われる。

3-1-2 セル

ワークシートを構成する一つ一つのマス目をセルと呼ぶ。縦方向のセルの並びを「列」（A・B・C…），横方向のセルの並びを「行」（1・2・3…）と呼ぶ。セルの位置は，縦の列番号と横の行番号を組み合わせたセル番地で表され，E列の8行目のセルはE8と表される。このセルに数字・文字や計算式を入力していく。

3-1-3 セルの書式設定

Excelの利用にあたって，便利な設定ダイアログボックスの一つに［セルの書式設定］がある。［セルの書式設定］ダイアログボックスは，［表示形式］［配置］［フォント］［罫線］［塗りつぶし］［保護］のタブから構成され，セルに関するすべての書式・スタイルの設定が可能である。この［セルの書式設定］ダイアログボックスを表示するには，次の二つの方法がある。

- ［ホーム］タブ－［セル］グループの ▥（書式）をクリックして，［セルの書式設定］をクリックする。
- ［ホーム］タブ－［フォント］・［配置］・［数値］各グループの右下にあるダイアログボックス起動ツール ▦ をクリックする。

▲［セルの書式設定］ダイアログボックス

3-1-4 数式バー

数式バーとは，セルに入力されている値や数式を編集する場所のことである。任意のセルをクリックすると，その内容が数式バーに表示され，編集可能な状態になる。
また，数式バーの左にある *fx*（関数の挿入）をクリックすることで，関数を入力するためのダイアログボックスが表示される。

3-2 | 簡単な表とグラフの作成

課題 ①

　図表 3-1 はコンビニエンスストア販売額のデータである。Excel のワークシート上にこの図表を作成し，以下の指示にしたがって，図表・グラフを完成させなさい。

(1) 各月・各年の販売額の合計・平均を求めなさい。

　① 各月の合計・平均（A ブロック）は四則演算（＋－＊／）を利用して算出する。

　② 各年の合計・平均（B ブロック）は関数（SUM，AVERAGE）を利用して算出する。

(2) 下記③〜⑥の指示にしたがって，図表 3-1 の書式を設定しなさい。

　③ 図表タイトルを「MS P明朝　14 ポイント」に変更する。

　④ 表頭・表側の文字位置を中央揃えにする。（単位：億円）を右揃えにする。

　⑤ 数値データを桁区切り表示（例：1,000）にする。

　⑥ 図表の外枠・内側に罫線を引く。

(3) 下記⑦〜⑩の指示にしたがって，月別平均販売額（F3：F14）のグラフを作成しなさい。

　⑦ グラフタイトルを「コンビニエンスストアの月別平均販売額（2021 年〜2023 年）」にする。

　⑧ 横軸（X 軸）の項目軸ラベルを 1 月〜12 月に設定し，凡例を「販売額」にする。

　⑨ 縦軸ラベル（Y 軸）を「億円」にする。

　⑩ 出来上がったグラフをグラフシートに移動する。

(4) 上記(3)に準じて，2021 年〜2023 年の月別販売額（B3：D14）の折れ線グラフを作成しなさい。

図表 3-1　コンビニエンスストア販売額

	A	B	C	D	E	F
1	図表3-1　コンビニエンスストア販売額				（単位：億円）	
2		2021年	2022年	2023年	合計	平均
3	1月	9,290	9,537	9,924		
4	2月	8,696	8,721	9,265		
5	3月	9,789	9,960	10,562		
6	4月	9,618	9,873	10,395		
7	5月	9,734	10,078	10,633		
8	6月	9,731	10,141	10,506	A	
9	7月	10,484	10,844	11,403		
10	8月	10,191	10,720	11,391		
11	9月	9,973	10,206	10,617		
12	10月	9,927	10,577	10,815		
13	11月	9,572	10,324	10,334		
14	12月	10,596	11,014	11,475		
15	合計		B			
16	平均					
17						
18			経済産業省「商業動態統計」			

▶商業動態統計
　全国の商業を営む事業所及び企業の販売活動などの動向を明らかにすることを目的とする統計調査。さまざまな卸売業・小売業の業種別販売額や百貨店，スーパー，コンビニエンスストアなど業態別の販売額などのデータが入手できる（https:// www.meti.go.jp/ statistics/ tyo/ syoudou/）。

36　第 3 講　Excel の基本を学ぶ

| 操作手順 | (1) 合計・平均の計算 |

◆オートフィル機能（連続データの入力）を利用する。

入力時には，各データを入力するセル番地と各データの半角・全角の指定（文字部分：全角，数字部分：半角）に注意する。

❶ A1に「図表3-1　コンビニエンスストア販売額」，B2に，「2021年」と入力する。以後，数字データは必ず半角で入力すること。

❷ マウスポインタをB2の右下に重ね，＋記号が表示されるようにする。

❸ そのままD2までドラッグする。2022年～2023年が自動的に入力される。

※ オートフィル機能は，連続した数値データだけでなく，2以上増えていく連続データ（1・3・5・7…）や，年，月，曜日などの文字列も規則性があれば連続データとして入力できる。また，行だけでなく列でも実行できる。オートフィル機能は，［ホーム］タブ－［編集］グループの フィル でも作成可能である。

❹ 同様に，A3に「1月」と入力し，オートフィル機能を列方向に使って，2月から12月までを入力する。B3：D14に販売額データを入力する。「合計」「平均」の文字も2か所ずつ入力する。

合計・平均を算出するには，計算式を入力する方法［Aブロック］，関数を利用する方法［Bブロック］の2つの方法がある。

※ 計算式・関数のセルでは，先頭に「＝」（半角）を入力し，セル番地，演算記号（＋－＊／）は半角で入力する。

① 計算式を入力する方法［Aブロック］

◆2021年～2023年の1月販売額の合計値を算出する（合計の算出，＋の利用）。

B3からD3までの合計値をE3に表示するには，E3に「＝B3＋C3＋D3」と計算式を入力する。合計するセル番地を指定するためには，セル番地を直接キーボードで入力する方法と，マウス（または矢印キー）で合計するセルを選択する方法がある。ここでは後者を利用する。

❶ E3に「＝」を入力する。

❷ B3を選択し，続けて「＋」を入力する。

❸ C3を選択し，続けて「＋」を入力し，さらにD3を選択する。

④ ┃Enter┃を押して確定する。

　確定後は E3 に計算結果が表示され，確定後の計算式は，数式バーに表示される。

D3			f_x	=B3+C3+D3	
	A	B	C	D	E	F
1	図表3-1	コンビニエンスストア販売額				
2		2021年	2022年	2023年	合計	平均
3	1月	9290	9537	9924	=B3+C3+D3	

　以下，同じ列の E4 から E14 まで同じように 11 回計算式を入力していけば，1 月から 12 月までの合計がすべて求められる。しかし，ここでは効率的に，E4：E14 に E3 の計算式をコピーすることで 2 月から 12 月までの合計を求めていこう。

◆2021 年～2023 年の 2～12 月販売額の合計値をそれぞれ算出する。 ……………………………

❶　E3 の計算式をコピーし，E4：E14 に貼り付ける。

　計算式を貼り付けた後の E4 の計算式を数式バーで確認すると，セル番地の指定が 1 行ずれて「＝B4＋C4＋D4」のようになっているはずだ。以下 E5：E14 も確認してみよう。

E4			f_x	（=B4+C4+D4）	
	A	B	C	D	E
1	図表3-1	コンビニエンスストア販売額			
2		2021年	2022年	2023年	合計	平
3	1月	9290	9537	9924	28751
4	2月	8696	8721	9265	26682
5	3月	9789	9960	10562	30311

◆2021 年～2023 年の 1 月販売額の平均値を算出する。 …………………………………………

　F3 に「＝(B3＋C3＋D3)/3」と入力すれば，1 月販売額の平均を算出できる。しかし，すでに B3：D3 の合計が E3 にあるので，ここではこれを利用して平均値を算出することにしよう。

❶　F3 に「＝E3/3」と入力し，平均値を求める。

❷　F3 の計算式をコピーし，F4：F14 に貼り付ける。

---

② 関数を利用する方法［B ブロック］

　Excel には多くの関数が用意されている。ここでは，「合計」「平均」を求める関数を，たくさんの関数の中から検索して見つけ出し，使ってみよう。

◆2021 年～2023 年の 1～12 月の合計販売額を関数によって算出する。 ………………………

❶　B15 をクリックする。

❷　［数式バー］の左にある f_x（関数の挿入）をクリックする。

❸　［関数の挿入］ダイアログボックスの［関数の検索］に「合計」と入力し，┃検索開始(G)┃をクリックする。［関数名］に合計に関係する関数の候補が複数表示されるので，その中から "SUM" を選択して，［OK］をクリックする。

❹　［関数の引数］ダイアログボックスの［数値 1］に「B3：B14」と入力されていることを確認して，［OK］をクリックする。

カーソルが［数値1］にある状態で引数の範囲をマウスで指定してもかまわない。関数の引数はセル単位で指定することも可能であるが，連続データの場合は，始点と終点のセルを半角のコロン「：」で結んで指定する。

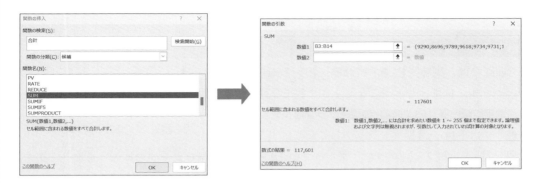

❺ B15の計算式をC15：D15にコピーする。

◆2021年の1～12月の平均販売額を関数によって算出する。

❶ B16をクリックする。
❷ ［数式バー］の fx （関数の挿入）をクリックする。
❸ ［関数の挿入］ダイアログボックスで「平均」の関数を検索して，"AVERAGE"を選択する。
❹ ［関数の引数］ダイアログボックスの［数値1］に「B3：B14」と入力して，［OK］をクリックする。
❺ B16の計算式をC16：D16にコピーする。
※ 合計，平均について関数を利用して算出する場合は，［ホーム］タブ－［編集］グループの ΣオートSUM▼ を利用してもよい。ΣオートSUM▼ の ▼ をクリックすると，合計，平均などよく使われる関数に容易に到達することができる。
❻ F1に「（単位：億円）」，C18に「経済産業省「商業動態統計」」と入力する。

操作手順　(2) 書式の設定

◆図表タイトルのフォント，フォントサイズを変更する。

❶ A1をクリックする。
❷ ［ホーム］タブ－［フォント］グループの 游ゴシック ▼ （フォント）の ▼ をクリックしてからフォントを"MS P明朝"にする。次に， 11 ▼ （フォントサイズ）の ▼ をクリックしてフォントサイズを"14"に設定する。

◆表頭・表側の文字位置を中央揃えにする。

❶ B2：F2を選択（ドラッグして反転）する。
❷ ［ホーム］タブ－［配置］グループの ≡ （中央揃え）をクリックする。
❸ 同様の手順で，A3：A16を ≡ （中央揃え）に設定する。

◆数値データを桁区切り表示に設定し，整数表示に統一する。

❶ B3：F16を選択（ドラッグして反転）する。
❷ ［ホーム］タブ－［数値］グループの ， （桁区切りスタイル）をクリックする。

◆罫線を設定する。
　❶　A2：F14 を選択（ドラッグして反転）する。
　❷　［ホーム］タブ－［フォント］グループの　（罫線）の　をクリックし，　格子(A)
　　をクリックする。A15：D16 も同様に設定する。

操作手順　（3）　縦棒グラフの作成

　Excel では，縦棒・横棒・折れ線・円・散布図・面・ドーナツ・レーダー・箱ひげ図・等高線・バブル・株価・じょうごなど，さまざまな種類のグラフを作成できる。

◆月別平均販売額（F3：F14）の縦棒グラフを作成する。
　❶　F3：F14 を選択（ドラッグして反転）する。
　❷　［挿入］タブ－［グラフ］グループの　（縦棒／横棒グラフの挿入）をクリックする。いろいろなグラフが提示されるので，ここでは［2-D 縦棒］の"集合縦棒"を選択しよう。

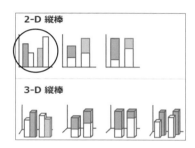

　これだけの手順で，このようなグラフが描けた。次は，このグラフを見やすくしていこう。

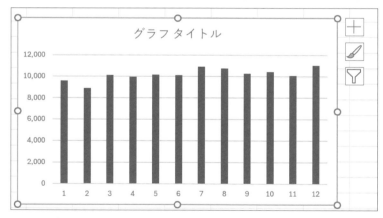

◆グラフにタイトルを付ける。
　❶　グラフ上の「グラフタイトル」をクリックすると，タイトルを修正することができる。
　❷　「グラフタイトル」に「コンビニエンスストアの月別平均販売額（2021 年～2023 年）」と入力する。

◆横軸（X 軸）の項に「1 月～12 月」を表示させ，項目軸ラベル「販売額」を設定する。
　❶　ワークシート上のグラフをクリックして，［グラフのデザイン］タブを表示させる。
　❷　［グラフのデザイン］タブ－［データ］グループの　（データの選択）をクリックする。
　❸　［データソースの選択］ダイアログボックスが起動する。

❹ ［データソースの選択］ダイアログボックスの［横（項目）軸ラベル］の 編集(T) をクリックする。

❺ ［軸ラベル］ダイアログボックスが表示されるので，［軸ラベルの範囲］に「A3：A14」をドラッグして指定する。［OK］をクリックする。

❻ ［データソースの選択］ダイアログボックスの［凡例項目（系列）］の 編集(E) をクリックする。

❼ ［系列の編集］ダイアログボックスが表示されるので，［系列名］に「販売額」と入力して，［OK］をクリックする。

❽ 再び［データソースの選択］ダイアログボックスで［OK］をクリックして画面を閉じる。

◆軸ラベル名を設定する。

❶ グラフの右側に表示されている ＋ （グラフ要素）をクリックし，［グラフ要素］の中の［軸］［軸ラベル］［グラフタイトル］［目盛線］［凡例］にチェックマークを付ける。

❷ グラフ上のY軸左に「軸ラベル」が現れるので，「億円」に変更する。また，X軸下にも「軸ラベル」が現れるので，「月別平均販売額」に変更する。

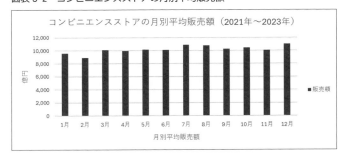

図表3-2　コンビニエンスストアの月別平均販売額

◆グラフをグラフシートに移動する。

❶ グラフエリアで右クリックする。

❷ プルダウンメニューから［グラフの移動］をクリックする。

❸ ［グラフの移動］ダイアログボックスで，「新しいシート」にチェックマークを付け，［OK］をクリックする。

操作手順 (4) 折れ線グラフの作成

◆2021年〜2023年の月別販売額（A2：D14）の折れ線グラフを作成する。

ここでは，軸とデータを一緒に指定することでグラフ作成を省力化してみよう。

❶ Sheet 1 に戻って，A2：D14 を選択（ドラッグして反転）する。
❷ ［挿入］タブ－［グラフ］グループの〔アイコン〕（折れ線／面グラフの挿入）をクリックする。
　ここでは［2-D 折れ線］の"折れ線"を選択する。
❸ グラフをグラフシートに移動し，縦棒グラフと同様に，見やすいようにグラフに修正を施す。

図表 3-3　コンビニエンスストアの月別販売額

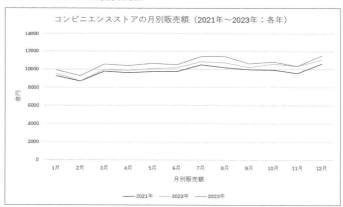

3-3　グラフから特徴を読み取る

作成した図表 3-1，図表 3-2，図表 3-3 から，どのようなことが読み取れるだろうか。また，読み取った特徴はどのような原因によるものだと推測できるだろうか。まず，以下の点について考えてみよう。

① 月ごとの販売額に特徴はないだろうか。そうした特徴はなぜ生じるのだろうか。
② 図表 3-3 について，コンビニエンスストア販売額はどのように変化しているだろうか。
③ 図表 3-3 について，ある年にだけ見られる特徴はないだろうか。それはどのような原因によるものだろうか。

3-4 | Excel の主要な関数

Excel には，データを活用するために関数というあらかじめ定型化された数式が多く準備されており，効率的に作業するのに役立つ。その中で，以下の関数がよく利用される代表的なものである。

◆文字列操作関数

RIGHT	文字列の右端から指定した文字数分の文字列を取り出す。
LEFT	文字列の左端から指定した文字数分の文字列を取り出す。
MID	文字列の指定した位置から指定した文字数分の文字列を取り出す。
CONCAT	複数の文字列を結合して一つの文字列として表示する。
TEXTJOIN	指定した区切り文字を挿入しながら文字列を結合して表示する。
UPPER/LOWER	英字を大文字／小文字に変換する。
ASC/JIS	全角文字／半角文字に変換する。
LEN	文字列の文字数を表示する。

◆論理関数

IF	指定した条件の真偽に応じて指定された値を表示する。
AND	指定したすべての条件が満たされているかを判定する。
OR	指定したいずれかの条件が満たされたいるかを判定する。
IFERROR	結果がエラーの場合に指定した値を表示する。

◆検索関数

VLOOKUP	指定した範囲の左端列から特定の値を検索して，その行内で対応するセルの値を表示する。
HLOOKUP	指定した範囲の上端列から特定の値を検索して，その列内で対応するセルの値を表示する。
XLOOKUP	指定した範囲から特定の値を検索して，対応する項目を表示する。
FILTER	条件にあうデータを抽出し表示する。
UNIQUE	範囲内の一意の値のリストを表示する。

◆統計関数

COUNT	範囲に含まれる数値の個数を数える。
COUNTA	範囲に含まれる値の個数を数える。
COUNTBLANK	範囲に含まれる空白セルの個数を数える。
COUNTIF	範囲内で指定された条件に一致するセルの個数を数える。
AVERAGE	平均値を表示する。
MAX	最大値を表示する。
MIN	最小値を表示する。
FREQUENCY	指定した区間に含まれる範囲内の値の個数を表示する。
MEDIAN	中央値を表示する。
RANK.EQ	指定した範囲内で指定した値の順位を表示する。
STDEV.P	母集団にもとづく標準偏差を表示する。
VAR.P	母集団にもとづく分散を表示する。
CORREL	2つのデータの相関係数を表示する。

この中から，いくつかの関数を利用してみよう。

課題 2

図表3-4は，「令和3年経済センサスー活動調査」から都道府県の事業所数をまとめた表である。以下の指示にしたがって，表を完成させなさい。

（ファイル名「3講_課題」ー「図表3-4」シート）

(1) B列に都道府県名を表示しなさい。
(2) 都道府県数，全国事業所数，事業所数の最大値，最小値，平均値，中央値，神奈川県の順位，埼玉県の事業所数について，関数を利用して求めなさい。

図表3-4 都道府県別事業所数

	A	B	C	D	E	F	G	H
1	図表3-4 都道府県別事業所数				総務省統計局「2021年経済センサスー活動調査」			
2		都道府県名	事業所数					
3	01北海道		247542					
4	02青森県		59786				利用する関数	結果
5	03岩手県		59074			都道府県数	COUNT	
6	04宮城県		106910			全国事業所数	SUM	
7	05秋田県		48850			事業所数の最大値	MAX	
8	06山形県		55354			事業所数の最小値	MIN	
9	07福島県		90700			事業所数の平均値	AVERAGE	
10	08茨城県		121433			事業所数の中央値	MEDIAN	
11	09栃木県		88247			神奈川県の順位	RANK.EQ	
12	10群馬県		94310			埼玉県の事業所数	VLOOKUP	
13	11埼玉県		266768					
14	12千葉県		214005					
15	13東京都		810248					
16	14神奈川県		343684					

※ 実教出版Webサイトよりデータをダウンロードすることができます（p.5参照）。

操作手順

◆番号と都道府県名を分け，都道府県名のみを表示する。

❶ 指定した位置から文字列を表示させるには，MID 関数を利用する。B3 をクリックしてアクティブにし，数式バーにある *fx*（関数の挿入）をクリックする。

❷ ［関数の挿入］ダイアログボックスで"MID"を検索して「MID」を選択する。

❸ ［関数の引数］ダイアログボックスの「文字列」に「A3」，開始位置に「3」，文字数に「4」を入力して［OK］をクリックする。

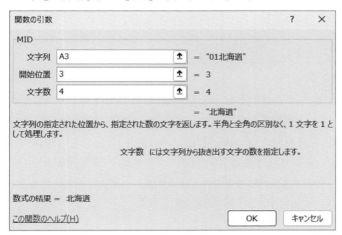

❹ B3 をコピーして，B4：B49 に貼り付ける。

※ 上のセルをコピーする際には，ショートカットキーを利用すると便利である。B3 に関数を入力後，B3：B49 を選択（ドラッグして反転）し，Ctrl＋D を押すことで，範囲に上のセルがコピーされる。

◆関数を利用してデータの特徴をつかむ。

❶ 都道府県数を求める。個数を求める際には，COUNT 関数を利用する。H5 をクリックし，上記と同様に，*fx*（関数の挿入）から「COUNT」を選択する。「値 1」に「C3：C49」を入力して「OK」をクリックする。

※ COUNT 関数は数値の個数を数えるため，A 列や B 列の文字列はカウントしない。文字列も含めてカウントしたい場合は COUNTA 関数を利用する。

❷ 全国事業所数を求める。合計を求める際には，SUM 関数を利用する。SUM 関数の利用方法は課題 1 のとおりである。

❸ 事業所数の最大値・最小値・平均値・中央値は，それぞれ MAX 関数，MIN 関数，AVERAGE 関数，MEDIAN 関数を利用する。*fx*（関数の挿入）から該当の関数を選択し，「数値 1」に「C3：C49」を入力して「OK」をクリックする。

❹ 順位を求める際には，RANK.EQ 関数を利用する。*fx*（関数の挿入）から RANK.EQ を選択する。神奈川県の順位を求めたいときには，「数値」に「C16」，「参照」に「C3：C49」，「順序」に「0」を入力して「OK」をクリックする。

※ 「順序」は降順（大きい順）あるいは昇順（小さい順）の選択をする。降順のときは「0」または省略，昇順のときはそれ以外の数値を指定する。

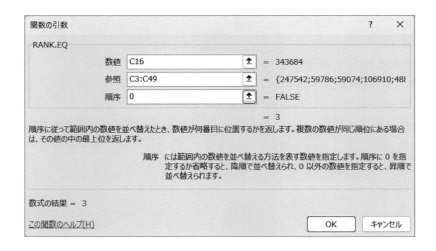

❺ 特定の条件の数値を検索して対応する数値を表示したい際には，VLOOKUP 関数を利用する。 *fx*（関数の挿入）から VLOOKUP を選択する。埼玉県の事業所数を表示したいときには，「検索値」に「"埼玉県"」，「範囲」に「B3：C49」，「列番号」に「2」，「検索方法」に「FALSE」を入力して「OK」をクリックする。

※ 「検索方法」は完全一致する値を検索するか近似値も含めて検索するかの選択である。完全一致する値を検索するときには，「FALSE」を指定する。

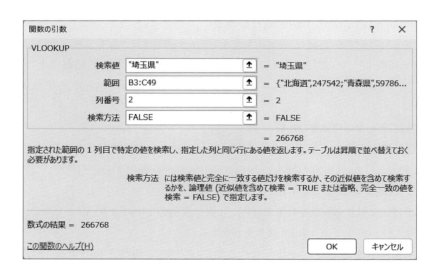

演習問題

　図表 3-5 は，ドラックストアの 2021 年～2023 年の販売額を表したものである。Excel のワークシート上にこの図表を作成し，以下の指示にしたがって，表・グラフを完成させなさい。また，表・グラフの書式設定は図表 3-1～図表 3-3 を参考にしなさい。

⑴　各月・各年の販売額の合計・平均を求めなさい。

⑵　月別平均販売額（F3：F14）の縦棒グラフを作成しなさい。

⑶　2021 年～2023 年の月別販売額（A2：D14）の折れ線グラフを作成しなさい。

⑷　これらの図表からどのようなことが読み取れるだろうか。それはコンビニエンスストア販売額の特徴とどのように違うだろうか。また，その違いはなぜ生じるのだろうか。

図表 3-5　ドラックストアの月別販売額

	A	B	C	D	E	F
1	図表3-4	ドラッグストア販売額		（単位：百万円）		
2		2021年	2022年	2023年	合計	平均
3	1月	584116	617500	648594		
4	2月	555309	580203	611972		
5	3月	595098	622472	671572		
6	4月	600191	618920	673722		
7	5月	617765	628392	685229		
8	6月	616961	637273	697266		
9	7月	633371	676354	745677		
10	8月	643558	677351	729226		
11	9月	603154	636870	701661		
12	10月	608052	644569	711072		
13	11月	590880	637333	693987		
14	12月	658123	731419	773865		
15	合計					
16	平均					
17						
18			経済産業省「商業動態統計」			

3-4　Excel の主要な関数　**47**

第4講 PowerPointの基本を学ぶ

レクチャーポイント
1. プレゼンテーションを準備する手順の理解
2. プレゼンテーション資料を作成するためのPowerPointの操作方法の理解
3. 簡単なプレゼンテーション資料の作成

スキルチェック
1. PowerPointの基本操作
2. アニメーションの設定
3. 図とグラフの効果的な利用
4. プリントスクリーンの使用

4-1 プレゼンテーションとは

　プレゼンテーションとは，一方的な意見の発表ではなく，発表者（話し手）と聞き手との双方向的なコミュニケーションである。したがって，発表者は，聞き手が報告内容を理解しているかどうかを絶えず気にかけていなければならない。また，多くの場合，口頭発表の後には質疑応答が行われる。これは，発表者の報告内容が聞き手に正確に伝わったかどうか，説得的であったかどうかを知る機会となり，また，より深い理解につながる説明を加えるチャンスにもなる。

　プレゼンテーションが双方向であるためには，聞き手側からも積極的に発表者に働きかける必要がある。つまり，報告内容を理解していることを示すために頷いたり，わからない点を質問したり，発表者を称えるために拍手を送ったりすべきである。

　プレゼンテーションに苦手意識を持つ人が多いかもしれないが，入念に準備をすればプレゼンテーションはそれほど難しいものではない。準備をしっかりすればするほど，プレゼンテーションの本番では，落ち着いて説得的に発表できるはずである。プレゼンテーションの成否のほとんどは準備で決まるといっても過言ではない。

4-1-1 プレゼンテーションの準備

1. プレゼンテーションのテーマや持ち時間，本番までの日数を確認する
↓
2. アウトラインを考え，プレゼンテーションの内容を組み立てる
↓
3. プレゼンテーションの資料を作成する
↓
4. プレゼンテーションのリハーサルを行う

　上記の工程を順に1から4へと一方向に進むのではなく，戻りながら，繰り返しつつ，プレゼンテーションの準備を行っていくことになる。この過程は，発表内容の推敲を重ねることやブレインストーミングにもつながる重要なプロセスである。

4-1-**2**	プレゼンテーションとレポートの違い

　プレゼンテーションもレポートも「コミュニケーション」という点では共通しており，どちらも説得的な流れをもって相手に自分の考えや理解した内容を説明する必要がある。プレゼンテーションでは，決められた時間内に報告のポイントを明確に示し，短時間で聞き手を説得できるように情報を整理して論理的に説明しなければならない。また，レポートでは文章と図のみで説明する必要があるが，プレゼンテーションでは発言と文章，図や写真などの資料を組み合わせて用いることになる。一方で，レポートとは異なり，文章はできるだけ簡潔にまとめ，場合によっては，単語の列挙のみで資料を作成することもある。さらに，PowerPoint などのプレゼンテーション用ソフトを利用して，アニメーションを挿入し，強調したい部分を視覚的にわかりやすく示すこともできる。

4－2 PowerPoint の操作方法

　プレゼンテーション用ソフトの代表である PowerPoint の操作方法を簡単に説明する。まずは，白紙のスライドに，タイトル（報告テーマ）や氏名などを入力する。次に，説明用（コンテンツ）スライドを追加して，報告内容を記載していく。

課題 **1** 文字入力の基本

　PowerPoint を起動し，下記の通りタイトルスライド（図表 4-1）と説明用スライド（図表 4-2）を作成しなさい。

図表 4-1　タイトルスライド（1 枚目）

人口と経済成長

学生番号
経済学部・経済学科
○○○○

図表 4-2　説明用スライド（2 枚目）

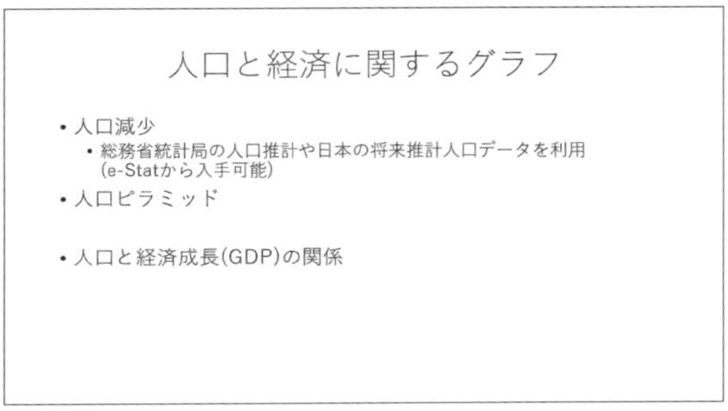

人口と経済に関するグラフ

- 人口減少
  - 総務省統計局の人口推計や日本の将来推計人口データを利用（e-Stat から入手可能）
- 人口ピラミッド

- 人口と経済成長(GDP)の関係

4-2　PowerPoint の操作方法　**49**

操作手順

◆**PowerPoint の起動** ……………………………………………………………………………………

PowerPoint を起動し，［新しいプレゼンテーション］をクリックする。

◆**タイトルスライドの入力** ………………………………………………………………………………

❶ 白紙のタイトルスライドが表示される。「タイトルを入力」をクリックし，タイトルに「人口と経済成長」と入力する。

❷ 「サブタイトルを入力」をクリックし，学生番号，学部・学科，氏名を中央揃えで入力する。

◆**新しいスライドの追加** …………………………………………………………………………………

❶ ［ホーム］タブの［スライド］グループで ▭ （新しいスライド）の「タイトルとコンテンツ」をクリックし，新しいスライドを挿入する。

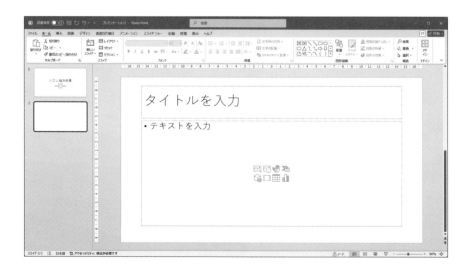

◆スライドへの文字入力 ………………………………………………………………………………

❶ 「タイトルを入力」をクリックし，中央揃えにしてスライドのタイトル「人口と経済に関するグラフ」を入力する。
❷ 「テキストを入力」をクリックし，箇条書きで文字を入力していく。
❸ Enter を押すと次の項目を入力できる。
❹ Shift を押しながら Enter を押すと，1つの箇条書き項目の中で改行を行うことができる（Excel や Word のテキストボックスの中でも同じ方法で改行できる）。
❺ 箇条書きの行頭で Tab を押す，または［ホーム］タブの［段落］グループにある ⇥≡ （インデントを増やす）をクリックすると，箇条書きのレベルを調整できる。

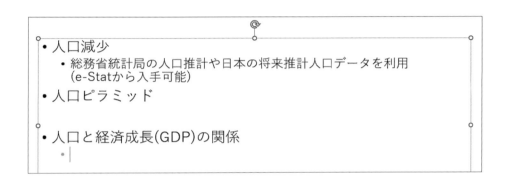

課題 2 スライドデザインとアニメーション

説得力のあるプレゼンテーションを行うために，聞き手の関心や興味をひくデザインやアニメーションを用いる。以下の指示にしたがって，スライドにデザインとアニメーションを設定しなさい。

(1) スライドのデザインを設定する。
(2) 画面切り替え時の効果を設定する。
(3) スライド内の箇条書きにアニメーションを設定する。

(1) スライドのデザイン

(2) 画面切り替え時の効果

(3) アニメーションの設定

↓

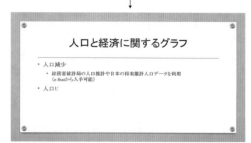

操作手順

◆スライドデザインの設定

❶ ［デザイン］タブの［テーマ］グループから好みのデザインを選択する（ここでは「オーガニック」を選択）。

❷ ［デザイン］タブの［バリエーション］グループから好みの配色やフォントを選択する（ここでは左から4つ目を選択）。

◆画面切り替え時の効果の設定

❶ ［画面切り替え］タブの［画面切り替え］グループで好みの効果を選択する（ここでは「ディゾルブ」を選択）。

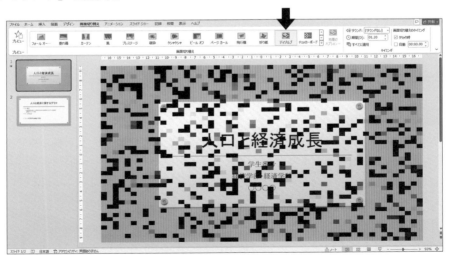

❷ ［画面切り替え］タブの［タイミング］グループの中にある「すべてに適用」を選択すると，すべてのスライドに❶で設定した効果が適用される。個別に設定することも可能である。

❸ ［スライドショー］タブの［スライドショーの開始］グループの［最初から］をクリックするか，F5 キーを押してスライドショーを確認する。

◆アニメーションの設定

❶ アニメーションを設定したい部分を反転（選択）し，［アニメーション］タブの［アニメーション］グループの中から，好みのアニメーションを設定する（ここでは「ワイプ」を選択）。

❷ ［アニメーション］グループの中にある［効果のオプション］をクリックし，「方向」を選択する（ここでは「左から」を選択）。

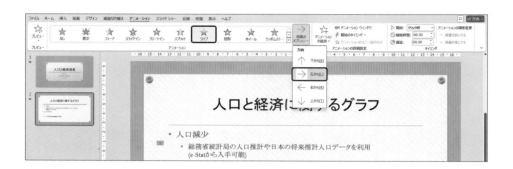

❸ ［スライドショー］タブの［スライドショーの開始］グループの［最初から］をクリックするか，F5 キーを押して，スライドショーを確認する。

課題 3 グラフ画像と解説コメントの挿入

国立社会保障・人口問題研究所の Web サイトより「総人口，人口増加率の現状および将来推計：1947～2070 年」のグラフ画像をダウンロードし，出所と共に，説明やコメントを記載したスライドを作成しなさい。

※グラフや表をダウンロードして使用する場合は必ず出所を明記すること。

操作手順

［ホーム］タブの［スライド］グループの［新しいスライド］の「タイトルのみ」をクリックして白紙のスライドを用意し，スライドタイトル「人口減少」を入力しておく。

◆グラフ画像のダウンロード

❶ ブラウザー（Google Chrome や Microsoft Edge）でグラフ画像を表示させる。
【国立社会保障・人口問題研究所】トップページ（https://www.ipss.go.jp/）→【人口統計資料集】→【Ⅰ．人口および人口増加率】→【図 1-2 総人口，人口増加率の現状および将来推計：1947～2070 年】

❷ グラフ画像の上にカーソルを移動し，右クリックして「画像をコピー」をクリックする。

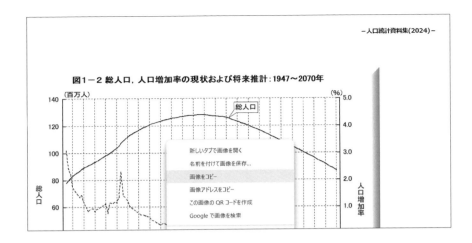

❸ 用意しておいたスライド上で右クリックし，［貼り付けのオプション］→［貼り付け先のテーマを使用］を選択して貼り付ける。

❹ グラフ画像をドラッグしながら移動させる。マウスを図上に合わせると，が表示される。この状態で，ドラッグ＆ドロップすると，画像が移動する。

❺ グラフ画像の大きさをスライドに合わせる。画像を選択し，画像の四隅の○にポインタを合わせると，マウスポインタがとなるので，ドラッグして大きさを調整する。

◆解説コメントと出所の記述

❶ ［挿入］タブの［テキスト］グループの A （横書きテキストボックスの描画）をクリックし，テキストを挿入したい箇所でドラッグし，テキストボックスを拡げながら作成する。

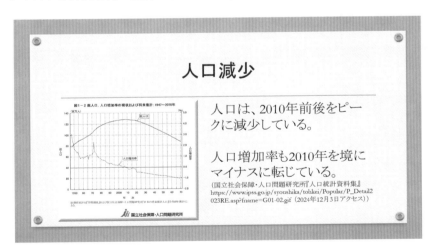

❷ テキストボックス内に，解説コメントや出所を入力する。入力したテキストのフォントサイズを変更する場合は，変更したい部分を反転（選択）し，［ホーム］タブの［フォント］グループの［フォントサイズ］を利用する。

課題 4 キャプチャした画像の挿入

人口ピラミッドの画面を挿入し，図の説明やコメントを記載したスライドを作成しなさい。

操作手順

［ホーム］タブの［スライド］グループの中の［新しいスライド］をクリックして白紙のスライドを用意し，スライドタイトル「人口ピラミッド1」を入力しておく。

◆プリントスクリーンによる Web からの画像の入手

画像をコピーできない場合には，一度，スクリーンに表示されている画面をキャプチャし，それを加工するとよい場合がある。これには Print Scrn （プリントスクリーン）というキーを利用する。プリントスクリーンは，スクリーンに表示されている画面を写真のように切り取る（キャプチャする）ことを可能にする機能である。

❶ ブラウザーで以下のページを開く。

【国立社会保障・人口問題研究所】トップページ → 【将来推計人口・世帯数】 → 【日本の将来推計人口（全国）】 → 【日本の将来推計人口（令和5年推計）報告書（全体版）】 → p.7【図Ⅱ-4-1 人口ピラミッドの変化（総人口）−出生中位・高位・低位（死亡中位）推計−(1)令和2（2020）年】

❷ Web サイトで上記のページを開いたら，Print Scrn を押す（ただし，コンピュータの機種によっては，PrtSc などの表記になっていたり，Fn （ファンクション）キーと同時に押す必要があることに注意）。

❸ PowerPoint で用意しておいた新しいスライドに貼り付ける。

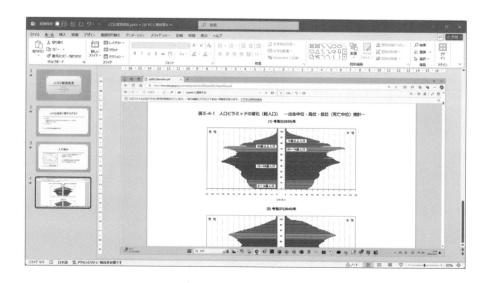

❹ キャプチャした画像から(1)の部分のみを切り取る。まずは，キャプチャした画像の上で右クリックする。

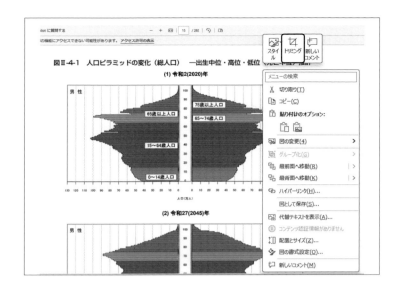

❺ ここで □(トリミング)を選択することで，キャプチャした画像のうち，必要な部分を切り取ることができるようになる。

❻ 前述の課題 3 と同様に，解説コメントと出所を記述する。

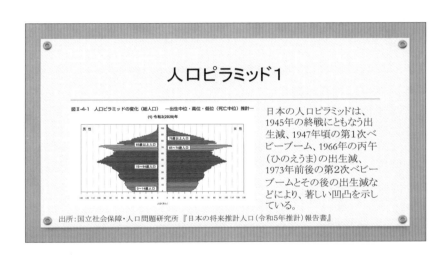

4-2 PowerPoint の操作方法　57

課題 5 スライドの編集と印刷

次のようなスライドを作成し，これまでに作成した5枚のスライドを，配布資料として印刷しなさい。

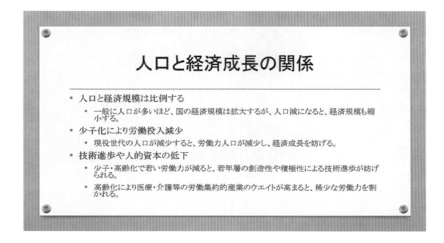

操作手順

◆配布資料の印刷

❶ ［ファイル］タブ－［印刷］をクリックし，設定の中から「6スライド（横）」を選択する。
❷ 「縦方向」であることを確認する。
❸ 印刷ボタンを押す。

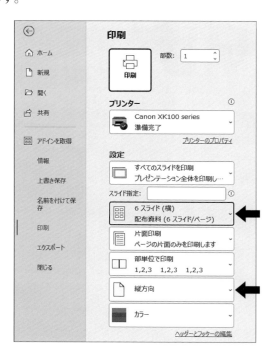

演習問題

　課題1～5で作成したスライドに，次の「人口ピラミッド2」のスライドを追加し，下記のようなプレゼンテーション資料を作成・印刷しなさい。

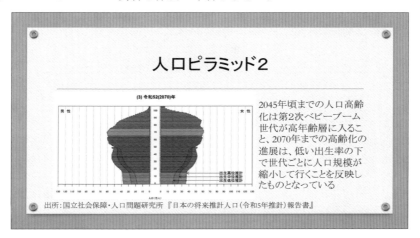

▶人口ピラミッド2の入手先
　【国立社会保障・人口問題研究所】トップページ → 【将来推計人口・世帯数】 → 【日本の将来推計人口（全国）】 → 【日本の将来推計人口（令和5年推計）報告書（全体版）】 → p.7【図Ⅱ-4-1　人口ピラミッドの変化（総人口）－出生中位・高位・低位（死亡中位）推計－(3)令和52（2070）年】

1

2

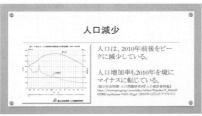

3

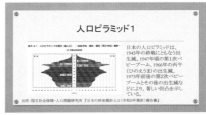

4

5

6

COLUMN　作業効率を上げる PC 操作

　Windows や Office の操作で作業効率を上げる便利な操作が数多く存在する。このテキストではすべてを扱いきれているわけではないが，便利なツール，使い方，どういうメリットがあるのかを少しだけ紹介する。

1．Windows での操作
⑴　Windows 標準の「Microsoft IME」で単語を登録しておく。

　画面右下 IME コマンドで右クリック後，「単語の追加」をクリックする。例えば日本には特殊な名字や名称の地名が多数ある。単語を読みとセットで登録しておけば，変換する際に出てくるため，入力の手間を省くことができる。ただし，この機能は個人 PC では良いが，組織の PC では通常利用できないことが多い。

⑵　取っておきたい画面を保存する

　画面の保存方法はいくつかあるので，試行錯誤してどの場合にどの方法が有効かチェックしておくとよいだろう。Windws10 から 3 つ目の方法が利用できるようになり，徐々に利用が広がってきている。

・プリントスクリーン 〔PrtSc〕
・一番手前のウィンドウをコピー 〔CTRL〕＋〔Shift〕＋〔PrtSc〕
・今見ている画面の一部を自由に切り取る 〔Windows〕＋〔Shift〕＋〔S〕

2．Word でよく使われる操作
⑴　変更履歴を残す

　Word で記録を残しておくためには，［校閲］タブ－［変更履歴の記録］をクリックする。特に経緯を残す必要がある重要なファイルの場合，この機能を利用しておけば，誰がどこまで作業してきたのか，明らかな状況で保存できて大変便利である。複数人で共有する文書を作成する場合に便利である。

⑵　文字入力

　2 講ではタイピングによる文字入力を前提に Word の操作を学んだ。実際には，文字入力では音声認識技術を利用した方がタイピングよりもはるかに速く入力できることが知られるようになってきている。Google ドキュメントを利用した音声入力が便利である。マイクを用意して，入力するのはスマホやタブレットでも簡単である。メモやブログの作成では音声入力の方が楽なことが多く，もし興味があれば，そうしたテクニックを調べて使ってみるとよいだろう。

3．Excel でよく使われるショートカットキー一覧
　Excel の作業効率を上げるときによく利用されるのが，ショートカットキーである。以下は基本中の基本ともいえるものだ。ショートカットキーに慣れておくとよいだろう。さらに慣れてくると，マクロや VBA を使った効率的な作業も可能である。

〔Ctrl〕＋〔C〕　　コピー
〔Ctrl〕＋〔X〕　　切り取り
〔Ctrl〕＋〔V〕　　貼り付け
〔Ctrl〕＋〔Z〕　　直前の作業取り消し
〔Ctrl〕＋〔↑〕　　対象データの入っている一番上のセルまで移動
〔Ctrl〕＋〔↓〕　　対象データの入っている一番下のセルまで移動
〔Ctrl〕＋ 矢印キー　　対象セルからデータが続いている矢印の方向のセルすべての範囲を選択

第2編

マクロとミクロの経済を分析する

第5講 企業の財務比率を比較する

5 — 1 　財務諸表とは

5 — 2 　主な財務比率とその利用

第6講 家計消費の特徴を知る

6 — 1 　構成比と増減率

6 — 2 　寄与度と寄与率

第7講 国内総生産（OECD諸国）の分布を見る

7 — 1 　度数分布表

7 — 2 　ヒストグラム

第8講 賃金・貯蓄データを読む

8 — 1 　代表値（平均）と偏差

8 — 2 　基本統計量と分析ツール

第 **5** 講 企業の財務比率を比較する

レクチャーポイント
❶貸借対照表と損益計算書の理解・利用
❷基本的な財務比率の理解

スキルチェック
❶書式設定（表示形式）の応用
❷レーダーチャートの作成

5-1 | 財務諸表とは

　企業は利益を出すことを目的に営まれる組織である。では，この利益はどのようにして計算されるのだろうか。

　企業は，損益計算書（Profit and Loss Statement または Income Statement）という書類を作成することを通じて，利益を計算する。また，企業は，貸借対照表（Balance Sheet）という書類を作成し，保有する資産や返済すべき負債などを一覧表示する。これらをまとめて財務諸表（Financial Statements）と呼ぶ。株主や銀行をはじめとする利害関係者は，この財務諸表を検討して，企業の経営成績と財政状態を把握し，投資意思決定や貸付を行っているのである。なお，上場企業の財務諸表は，企業情報の電子開示システムである EDINET（Electronic Disclosure for Investors' NETwork）などを通じて誰でも入手可能となっている。

5-1-1 　貸借対照表

　貸借対照表（B/S と略記される）は，企業の資産，負債，純資産（資本）を示す一覧表で，一定時

貸借対照表

流動資産	500	流動負債	350
現金	200	支払手形	100
受取手形	100	買掛金	50
売掛金	50	短期借入金	200
棚卸資産	150		
固定資産	500	固定負債	250
建物	100	社債	100
機械	150	長期借入金	150
土地	250	純資産	400
		資本金	400
資産合計	1,000	負債・純資産合計	1,000

62　第 5 講　企業の財務比率を比較する

点における企業の財政状態を明らかにするものである。貸借対照表は，その時点で企業が保有する現金や建物などの資産，返済義務のある借入金や支払手形などの負債，そして，株主が出資した純資産（資本）を示すものであり，前ページの例示のように一覧表示される。

　左側（借方と呼ぶ）に資産，右側（貸方と呼ぶ）に負債と純資産（資本）を表示する。右側（貸方）は，企業が資金（お金）を集めた方法とその金額，すなわち，銀行などからの借入れや株主による投資，つまり調達源泉を表しており，左側（借方）は，その集めた資金をどのように利用しているか，つまり運用形態を表している。

5-1-2 　損益計算書

　損益計算書（P/L と略記される）は，収益と費用を対比させて利益を計算する書類で，一期間（通常は 1 年間）の経営成績を明らかにするものである。損益計算書は，企業が一期間にどのように費用をかけて，いくらの収益をあげたのか，そして，その結果，いくら儲けたのか，つまり利益を出したのかを示している。

損益計算書

売上高	10,000
（−）売上原価	6,000
（−）販売費及び一般管理費	1,000
営業利益	**3,000**
（＋）営業外収益	2,000
（−）営業外費用	3,000
経常利益	**2,000**
（＋）特別利益	1,000
（−）特別損失	500
税引前当期純利益	**2,500**
（−）法人税等	1,500
当期純利益	**1,000**

　計算プロセスは次のとおりである。まず売上高を示し，そこから生産・販売した製品・商品の原価である売上原価をマイナスして，営業利益を算出する。これは企業の主たる営業活動による利益である。次に，この営業利益から本業以外に通常発生する収益・費用（受取利息や支払利息など）を加減したものが経常利益である。この経常利益に経常的でない固定資産の売却などにより発生する特別利益・損失を加減したものが税引前当期純利益である。ここから法人税などを差し引き，最終的な当期純利益が計算される。

　貸借対照表と損益計算書の基本的な説明は以上である。前述したとおり，企業を取り巻く利害関係者は，これらの財務諸表（他にはキャッシュ・フロー計算書などがある）を分析して，投資意思決定などを行っている。具体的には，財務諸表の数値を用いて企業の「安全性」「効率性」「生産性」「収益性」「成長性」などを分析することになる。

5-1　財務諸表とは　**63**

5-2 主な財務比率とその利用

　財務諸表を用いて行う企業分析に利用される財務比率は数多く存在するが，ここでは，代表的な財務比率とその利用法についてのみ，簡単に説明していく。

5-2-1 「安全性」の分析

　「安全性」の分析とは，企業の支払能力（借金の返済能力）の分析である。それは，一般に，短期支払能力と長期支払能力に分けられる。前者の短期支払能力は，流動負債，つまり，買掛金や支払手形を返済する能力を意味し，次の①「流動比率」（current ratio）や②「当座比率」（quick ratio）と呼ばれる比率を用いて測定される。

① **流動比率(%)＝流動資産／流動負債×100**

　流動比率は，短期に支払期限が到来する流動負債に対して，その支払いに充当できる流動資産をどの程度保有しているかを示す比率である（p.62 の貸借対照表を参照）。一般的には 200% 以上が好ましいとされる。

② **当座比率(%)＝当座資産／流動負債×100**

　当座比率は，流動比率とは異なり，分子に当座資産，すなわち，現金預金，売掛金，受取手形，有価証券といった流動性の高い資産しか含まないという点が特徴的である。つまり，流動資産ではあるが換金可能性の低い棚卸資産などを除外して，より換金可能性の高い当座資産のみで流動負債を返済するとした場合を想定した比率である。一般的には，当座比率が 100% を超えていれば安全性が高いとされる。

　長期支払能力については，次の③「自己資本比率」や④「負債比率」がよく利用されている。

③ **自己資本比率(%)＝自己資本／総資本×100**

　自己資本比率は，総資本（負債＋純資産）に対する自己資本（純資産）の割合を示す比率である。自己資本比率が高いということは，利子を支払うべき負債が少ないことを意味し，企業に対して資金を貸している銀行などの外部債権者にとっては安全度が高いということを意味する。

④ **負債比率(%)＝負債／自己資本×100**

　負債比率は，自己資本（純資産）に対する負債の割合を示す比率である。自己資本比率と同様に安全性を測るために利用されるが，自己資本比率とは異なり，負債比率は低い方が安全性が高い。

5-2-2 「収益性」の分析

　「収益性」の分析とは，企業が利益を生み出す能力の分析である。同じ売上高でも費用を低く抑えることができたり，高付加価値の製品・商品を販売できたりすれば，利益を生み出す能力は高い

といえる。

　この分析に用いられるのが，売上高利益率（ROS：Return on Sales）である。これは，分母に売上高，分子に利益をとる指標である。ただし，分子の利益に何を用いるかによっていくつかのバリエーションがある。例えば，営業利益を用いれば，売上高営業利益率，すなわち，粗利益率を求めることになる。一般的には，経常利益が企業の実力を表すといわれるため，ここでは⑤「売上高経常利益率」を示す。

　また，総資本利益率（ROI：Return on Investment）という指標もよく利用される。企業は，株主から拠出された資本と債権者から借り入れた資金を利用して事業を行っている。この両者を合わせたものが総資本である。分母は総資本であるが，分子に営業利益，または，営業利益に受取利息や配当金を加えた事業利益を用いることがある。本来は事業利益の方が企業の総合的収益性を測定するのにふさわしいが，ここでは簡便的に営業利益を用いた⑥「総資本営業利益率」を示す。

　最後に，分母に自己資本を用いて，株主による拠出資本（投資）に対してどれだけの利益をあげたのかを測る比率である⑦「自己資本純利益率」を示す。この指標は，ROE（Return on Equity）とも呼ばれ，株主が投資意思決定をする際によく利用される。

⑤　売上高経常利益率（%）＝経常利益／売上高×100

⑥　総資本営業利益率（%）＝営業利益／総資本×100

⑦　自己資本純利益率（%）＝当期純利益／自己資本×100

　なお，近年，国際会計基準の影響が大きくなってきているため，各種比率を計算し，企業分析あるいは企業比較する際には，その点を十分に考慮する必要がある。また，連結財務諸表の項目については直接説明していないが，基本的には個別財務諸表の場合と同じである。

課題 1

　図表 5-1 は，繊維産業 3 社の財務諸表・財務比率を表したものである。以下の指示にしたがって，表とグラフを完成させなさい。

（ファイル名「5 講_課題」－「図表 5-1」シート）

⑴　表の書式を設定しなさい。数値データはすべて桁区切り表示とし，財務比率は％（小数点以下第 1 位まで）で示しなさい。

⑵　安全性の比率（a.流動比率，b.当座比率，c.自己資本比率）を求めなさい。

⑶　収益性の比率（d.売上高経常利益率，e.総資本営業利益率，f.自己資本純利益率）を求めなさい。

⑷　3 社の財務比率を比較するため，安全性の比率の集合縦棒グラフ，収益性の比率のレーダーチャートを作成しなさい。

図表 5-1　財務諸表・財務比率（繊維産業）

	A	B	C	D
1	図表 5－1　財務諸表・財務比率（繊維産業）			
2	貸借対照表			（単位：億円）
3		X 社	Y 社	Z 社
4	流動資産	3354	10987	3244
5	うち当座資産	1643	6910	1946
6	固定資産			
7	うち有形固定資産	2591	5219	1465
8	うち無形固定資産	1677	3321	523
9	資産合計	7622	19527	5232
10	負債	4573	13043	1653
11	流動負債	2439	6698	889
12	固定負債	2134	7345	764
13	純資産合計	3049	5484	3579
14	負債及び純資産合計	7622	19527	5232
15				
16	損益計算書			（単位：億円）
17		X 社	Y 社	Z 社
18	売上高	8543	15886	3690
19	営業利益	513	1733	539
20	経常利益	530	1517	520
21	当期純利益	265	820	295
22				
23	財務比率			
24		X 社	Y 社	Z 社
25	a.流動比率			
26	b.当座比率			
27	c.自己資本比率			
28	d.売上高経常利益率			
29	e.総資本営業利益率			
30	f.自己資本純利益率			

66　第 5 講　企業の財務比率を比較する

操作手順

(1) 図表 5-1 の書式設定

① 実線・二重線を利用して，罫線を引く。
② 企業名の文字位置を中央揃え，「(単位：億円)」を右揃えにする。
③ 数値データを桁区切り表示にする(例：1,000)。
- ［ホーム］タブの［数値］グループのダイアログボックス起動ツール（表示形式）をクリックする。
- ［セルの書式設定］ダイアログボックスの［表示形式］タブを開く。
- ［分類］の"数値"を選択し，［桁区切り (,) を使用する］にチェックを入れる。
- ［OK］をクリックする。

④ 財務比率は%で小数第1位まで表示する(例：51.2%)。
⑤ 行・列の間隔を適宜調整する。

※ なお，財務比率の計算式をコピーする際，計算式だけでなく書式もコピーされて，罫線がくずれてしまうのを防ぐには，コピー先のセルの右下に表示される「オートフィルオプション」ボタンの▼をクリックし，［書式なしコピー (フィル)］を選択するとよい。

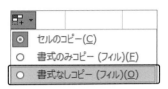

(2) 安全性の比率の算出

a. 流動比率［流動資産／流動負債］を算出する。
① B25 に「＝B4/B11」と計算式を入力する。
② B25 の計算式を C25：D25 にコピーする。

b. 当座比率［当座資産／流動負債］を算出する。
① B26 に「＝B5/B11」と計算式を入力する。
② B26 の計算式を C26：D26 にコピーする。

c. 自己資本比率［自己資本／総資本］を算出する。
① B27 に「＝B13/B14」と計算式を入力する。自己資本＝純資産合計，総資本＝負債及び純資産合計であることに注意。
② B27 の計算式を C27：D27 にコピーする。

(3) 収益性の比率の算出

d. 売上高経常利益率［経常利益／売上高］を算出する。
① B28 に「＝B20/B18」と計算式を入力する。
② B28 の計算式を C28：D28 にコピーする。

e. 総資本営業利益率［営業利益／総資本］を算出する。
① B29 に「＝B19/B14」と計算式を入力する。
② B29 の計算式を C29：D29 にコピーする。

f. 自己資本純利益率［当期純利益／自己資本］を算出する。
① B30 に「＝B21/B13」と計算式を入力する。自己資本＝純資産合計であることに注意。
② B30 の計算式を C30：D30 にコピーする。

（4） グラフの作成

◆安全性の比率のグラフの作成

3社の安全性の比率（a.流動比率，b.当座比率，c.自己資本比率）を比較する集合縦棒グラフを作成する。

❶ A24：D27の範囲を選択（ドラッグして反転）する。

❷ ［挿入］タブ－［グラフ］グループの ▭▾ （縦棒／横棒グラフの挿入）をクリックして［2-D 縦棒］の"集合縦棒"を選択する。

❸ 暫定的に表示されたグラフをクリックして，［グラフのデザイン］タブを表示させる。

❹ ［グラフのデザイン］タブの［データ］グループの ▭ （行／列の切り替え）をクリックし，データの行と列を入れ替える。

❺ ［グラフのデザイン］タブ－［グラフスタイル］グループの ▭ （色の変更）をクリックし，「モノクロパレット3」というモノクロ（白黒）印刷用の色を選択し，スタイル1をクリックする。

❻ グラフタイトルの部分をクリックし，「安全性の比率」に変更する。フォントやフォントサイズなども適宜調整する。また，グラフ右上の ＋ （グラフ要素）をクリックし，［凡例］にチェックを入れ，［右］を選ぶ。

❼ ［グラフのデザイン］タブ－［場所］グループの ▭ （グラフの移動）をクリックし，「新しいシート」を選択してグラフを移動させる。

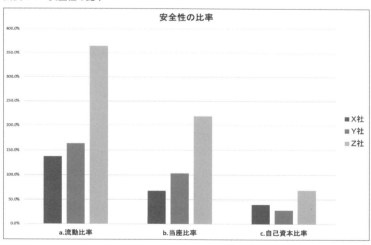

図表5-2　安全性の比率

◆収益性の比率のグラフの作成 ……………………………………………………………………

3社の収益性の比率（d.売上高経常利益率, e.総資本営業利益率, f.自己資本純利益率）を比較するレーダーチャートを作成する。

❶　A24：D24とA28：D30を同時に選択（ドラッグして反転）する。

このように離れたセル範囲（A24：D24とA28：D30）を同時に範囲指定するためには，Ctrlを押しながら，範囲を指定すればよい。ここではまず，A24：D24を選択（ドラッグして反転）し，続いてCtrlを押しながらA28：D30を選択（ドラッグして反転）する。

❷　［挿入］タブ［グラフ］グループ―　（ウォーターフォール図，じょうごグラフ，株価チャート，等高線グラフ，レーダーチャートの挿入）から「マーカー付きレーダー」を選択し，［データ］グループの　（行／列の切り替え）をクリックする。

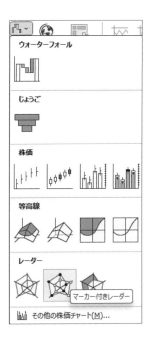

❸　ワークシート上に暫定的に作成されたグラフをクリックし，［グラフのデザイン］タブを表示させる。

❹　［グラフのデザイン］タブの［グラフのレイアウト］グループの［クイックレイアウト］から「レイアウト1」を選択する。

❺　グラフタイトルの部分をクリックし，「収益性の比率」に変更する。また，右クリックするか「収益性の比率」を選択（ドラッグして反転）し，［ミニツールバー］を表示させて，フォントやフォントサイズなども適宜調整する。グラフ全体の大きさも調節する。

❻　［グラフのデザイン］タブ―［場所］グループの　（グラフの移動）をクリックし，「新しいシート」を選択してグラフを移動させる。

※　グラフのデザインは［グラフタイトルの書式設定］［グラフエリアの書式設定］［プロットエリアの書式設定］［データ系列の書式設定］などの各作業ウィンドウ（右側に表示される）で詳細に設定することができる。

5-2　主な財務比率とその利用　**69**

これらの作業ウィンドウを利用するには次の2つの方法がある。

① 書式を変更したい場所・系列上で右クリックし，[ショートカットメニュー]から各書式設定を選択する。

② [書式]タブ－[現在の選択範囲]グループで変更したい場所・系列を選択し，[選択対象の書式設定]をクリックする（下図では，系列"Z社"が選択され，[データ系列の書式設定]ダイアログボックスが右側に表示されている）。

※ 各自でより見やすく，わかりやすいグラフのデザインに変更してみよう。

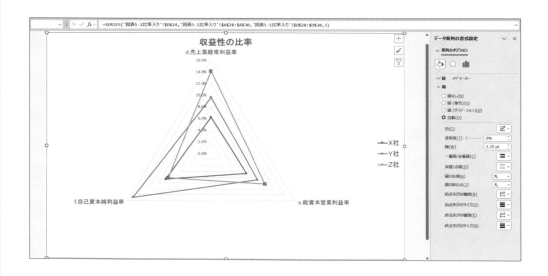

図表5-3　収益性の比率

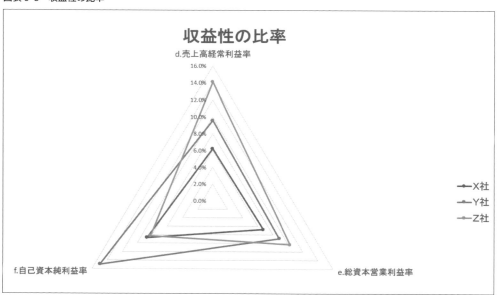

演習問題

　図表5-4は，アパレルメーカー2社の財務諸表である。この表の書式・スタイルを課題1
と同様に設定し，以下の指示にしたがって完成させなさい。

（ファイル名「5講_課題」－「図表5-4」シート）

⑴　安全性の比率（a.流動比率，b.当座比率，c.自己資本比率）を求めなさい。

⑵　収益性の比率（d.売上高経常利益率，e.総資本営業利益率，f.自己資本純利益率）を求め
　　なさい。

⑶　2社の財務比率を比較するため，安全性の比率の集合縦棒グラフ，収益性の比率のレー
　　ダーチャートを作成しなさい。

図表5-4　財務諸表・財務比率（アパレル産業）

	A	B	C
1	図表5－4　財務諸表・財務比率（アパレル産業）		
2	貸借対照表		（単位：億円）
3		A社	B社
4	流動資産	3917	1305
5	うち当座資産	1920	874
6	固定資産		
7	うち有形固定資産	640	1027
8	うち無形固定資産	779	444
9	資産合計	5337	2776
10	負債	2081	933
11	流動負債	1654	408
12	固定負債	427	525
13	純資産合計	3256	1843
14	負債及び純資産合計	5337	2776
15			
16	損益計算書		（単位：億円）
17		A社	B社
18	売上高	6001	4664
19	営業利益	972	434
20	経常利益	912	457
21	当期純利益	456	257
22			
23	財務比率		
24		A社	B社
25	a.流動比率		
26	b.当座比率		
27	c.自己資本比率		
28	d.売上高経常利益率		
29	e.総資本営業利益率		
30	f.自己資本純利益率		

第 6 講 家計消費の特徴を知る

レクチャーポイント	スキルチェック
❶構成比，増減率の理解 ❷寄与度，寄与率の理解	❶計算式のコピー ❷相対参照と絶対参照

6－1 構成比と増減率

6-1-1 構成比

　構成比とは，内訳の構成割合を％で表した比率である。ここでは，家計の消費支出額とその内訳を表す式を考えてみる。添字 t は年次を表す。

$$E_t = F_t + H_t + IW_t + FH_t + CF_t + M_t + T_t + E_t + R_t + O_t \cdots\cdots ①$$

　　ただし，E_t；消費支出額，F_t；食料費，H_t；住居費，IW_t；光熱・水道費，FH_t；家具・家事用品費，CF_t；被服及び履物費，M_t；保健医療費，T_t；交通・通信費，E_t；教育費，R_t；教養娯楽費，O_t；その他の消費支出

　ここで，消費支出額を 100.0（％）としたとき，食料費以下の各費目の構成比は次式（①式の両辺を消費支出額 E_t で割り，両辺を入れ替える）で求められる。

$$\frac{F_t}{E_t} \times 100 + \frac{H_t}{E_t} \times 100 + \frac{IW_t}{E_t} \times 100 + \frac{FH_t}{E_t} \times 100 + \cdots\cdots + \frac{R_t}{E_t} \times 100 + \frac{O_t}{E_t} \times 100 = \frac{E_t}{E_t} \times 100 = 100\%$$

6-1-2 増減率

　増減率は時間的推移を伴って用いられ，通常，前期に対する今期の増減の割合を指す。すなわち，対前期増減率である。t 年の消費支出額の増減率は次式で求められる。他の費目の増減率も同様の式である。

$$\frac{E_t - E_{t-1}}{E_{t-1}} \times 100 （\%）\qquad E_t；t 年の消費支出額 \qquad E_{t-1}；t-1 年の消費支出額$$

6-2 | 寄与度と寄与率

6-2-1 寄与度

　消費支出額の増減は，それを構成する各費目の増減によって生じる。この個々の費目の増減が消費支出全体の増減においてどれくらいの割合を占めているかをとらえようとする比率が寄与度である。言い換えれば，消費支出額の増減率の内訳である。

　前ページの例でいうと，消費支出額 E，食料費 F，住居費 H，…，その他支出 O について，t 年の値と $t-1$ 年の値を，添字 t と $t-1$ によって区別すると，次式のようになる。

$$t \text{ 年} \qquad E_t = F_t + H_t + \cdots + O_t \quad \cdots\cdots ②$$
$$t-1 \text{ 年} \qquad E_{t-1} = F_{t-1} + H_{t-1} + \cdots + O_{t-1} \cdots\cdots ③$$

　②－③として，両辺を $t-1$ 年の消費支出額で割って 100 倍すると，次式のようになる。

$$\frac{E_t - E_{t-1}}{E_{t-1}} \times 100 = \frac{F_t - F_{t-1}}{E_{t-1}} \times 100 + \frac{H_t - H_{t-1}}{E_{t-1}} \times 100 + \cdots + \frac{O_t - O_{t-1}}{E_{t-1}} \times 100$$

　この式の左辺は消費支出額の増減率（％）である。そして右辺は，それぞれの支出費目の増減額と前期の消費支出額の比を合計したものとなっている。この一つ一つの比を消費支出額の増減率に対する寄与度という。

> 消費支出額の増減率＝食料費の寄与度＋住居費の寄与度＋……＋その他の消費支出の寄与度

6-2-2 寄与率

　全体の増減率(前述の場合，消費支出額の増減率)を 100％ に換算したとき，個々の寄与度がどれくらいの割合になるかをとらえた構成比を寄与率という。すなわち，次のようになる。

$$\frac{消費支出額の増減率}{消費支出額の増減率} = \frac{食料費の寄与度}{消費支出額の増減率} + \frac{住居費の寄与度}{消費支出額の増減率} + \cdots + \frac{その他消費支出の寄与度}{消費支出額の増減率}$$

$$1 \times 100 = \frac{F_t - F_{t-1}}{E_t - E_{t-1}} \times 100 + \frac{H_t - H_{t-1}}{E_t - E_{t-1}} \times 100 + \cdots + \frac{O_t - O_{t-1}}{E_t - E_{t-1}} \times 100$$

$$100（％）= 食料費の寄与率＋住居費の寄付率＋\cdots＋その他消費支出の寄与率$$

6-2　寄与度と寄与率　**73**

課題 1

　図表 6-1 は『家計調査』の結果を表したものである。Excel のワークシート上にこの図表を作成し，2022 年，2023 年の構成比を求めなさい。

（ファイル名「6 講_課題」－「図表 6-1」シート）

図表 6-1　1 世帯あたり年平均 1 か月間の支出（二人以上世帯）全国

	A	B	C	D	E	F	G
1	図表6-1　1世帯当たり年間の支出額（二人以上の世帯）全国						（単位：円）
2		2022年	2023年	2022年構成比	2023年構成比	2023年増減率	増減率・寄与度
3	消費支出	3490383	3527959				
4	食料	982661	1038653				
5	住居	223819	216153				
6	光熱・水道	294292	286262				
7	家具・家事用品	148679	148502				
8	被服及び履物	113921	115726				
9	保健医療	177563	176733				
10	交通・通信	498416	514053				
11	教育	137262	125378				
12	教養娯楽	331425	357181				
13	その他の消費支出	582345	549318				
14							
15	2023年の消費支出の金額は元データでは3527961であるが、計算上、修正している。						

▶家計調査

　総務省統計局の行う全国全世帯（学生の単身世帯等を除く）を対象とする調査である。調査対象世帯は，2 人以上世帯約 8,000，単身世帯約 600 であり国勢調査の結果から抽出される。調査は毎月行われ，2 人以上世帯は 6 か月間の調査の後，単身世帯は 3 か月間の調査の後，順次交替する。調査事項は家計の収入および支出であり，所定の「家計簿」に記入する。記入は，品目ごとに，購入金額のみならず購入数量も記入する。そのため，調査のための「はかり」を配布するという念の入ったものである。

「世帯」：住居および生計をともにするものの集団である。下宿学生は単身者世帯となる。

「消費支出」：日常の生活を営むに当たり必要な商品やサービスを購入して支払った支出である。

「支出費目」：『家計調査』では，支出の目的により図表 6-1 のような支出費目に大別されている。

　図表 6-1 のデータは，総務省統計局（https://www.stat.go.jp）より入手できる。【統計データ】→【分野別一覧】→【家計調査】→【調査の結果】→【統計表一覧】→【1．家計収支編　時系列表】→【二人以上の世帯】→【金額，増減率，季節調整値など】→【1．品目分類：支出金額・名目増減率・実質増減率（月・年）】→【年・小分類・支出金額　2000 年～】の Excel ファイルをダウンロードして得られる。ダウンロードした Excel ファイルを中分類でフィルターにかけ，「-」のみを選択し，必要な数値を抽出する。

操作手順

◆図表 6-1 を Excel シート上に作成する（シート名は「図表 6-1」とする）。

① 表頭の項目名は中央揃えにする。表側の項目名は左揃えとし，費目名は頭を 1 字あける。

② 支出額は，3 桁ごとにカンマを入れる桁区切りスタイルとする。
- B3：C13 の範囲を選択（ドラッグして反転）する。［ホーム］タブを選択する。
- ［数値］グループの［桁区切りスタイル］をクリックする。3 桁ごとのカンマが表示される。

③ フォントサイズ，列幅は見やすい形に調整する。［ホーム］タブ－［フォント］グループの［罫線］で罫線を引く。

④ セル D2 と E2 にそれぞれ「2022 年構成比」，「2023 年構成比」と入力する。また「年」の後ろでセル内の改行を行う。セル内での改行は Alt + Enter で行う。

◆2022 年の食料費の構成比を求め，計算式をコピーする。

① セル D4 に「＝B4/B3＊100」と計算式を入力する。（「B3」については後で絶対参照セルに修正する。）

② 計算結果は小数第 1 位まで表示する。
［ホーム］タブの［数値］グループ→［ダイアログボックス起動ツール］→［セルの書式設定］ダイアログボックスの［表示形式］タブの［分類］で"数値"を選択→［小数点以下の桁数］に「1」と入力する。

③ セル D4 の計算式を D5：D13 にコピーする。セル D4 を選択した状態で右下に出る■をダブルクリックするか，セル D4 の計算式をセル D13 までコピーする。

＜セル D4 を選択した状態＞

	A	B	C	D
1	図表6-1　1世帯当たり年間の支出額（二人以上の世帯）全国			
2		2022年	2023年	2022年構成比
3	消費支出	3,490,383	3,527,959	
4	食料	982,661	1,038,653	28.2
5	住居	223,819	216,153	
6	光熱・水道	294,292	286,262	
7	家具・家事用品	148,679	148,502	
8	被服及び履物	113,921	115,726	
9	保健医療	177,563	176,733	
10	交通・通信	498,416	514,053	
11	教育	137,262	125,378	
12	教養娯楽	331,425	357,181	
13	その他の消費支出	582,345	549,318	

＜D5：D13 にコピーした状態＞

	A	B	C	D
1	図表6-1　1世帯当たり年間の支出額（二人以上の世帯）全国			
2		2022年	2023年	2022年構成比
3	消費支出	3,490,383	3,527,959	
4	食料	982,661	1,038,653	28.2
5	住居	223,819	216,153	22.8
6	光熱・水道	294,292	286,262	131.5
7	家具・家事用品	148,679	148,502	50.5
8	被服及び履物	113,921	115,726	76.6
9	保健医療	177,563	176,733	155.9
10	交通・通信	498,416	514,053	280.7
11	教育	137,262	125,378	27.5
12	教養娯楽	331,425	357,181	241.5
13	その他の消費支出	582,345	549,318	175.7

④ セル D3 で D4：D13 の構成比を合計し，100% になっているかを確認する。
- セル D3 を選択し，［ホーム］タブの［編集］グループの Σ オート SUM をクリックする。

ショートカットキー
オート SUM を使うときには Shift + Alt + = を押すと入力される。

6-2　寄与度と寄与率

- $\boxed{\Sigma \text{ オート SUM}}$ をクリックすると B3：C3 の合計が計算されるので，ドラッグして D4：D13 の合計を計算するように直す。

<セル D3 でオート SUM をクリックした状態>

	A	B	C	D	E
1	図表6-1　1世帯当たり年間の支出額（二人以上の世帯）全国				
2		2022年	2023年	2022年 構成比	2023年 構成比
3	消費支出	3,490,383	3,527,959	=SUM(B3:C3)	
4	食料	982,661	1,038,653	SUM(数値1, [数値2], ...)	

<D4：D13 の合計を計算するように直した状態>

	A	B	C	D	
1	図表6-1　1世帯当たり年間の支出額（二人以上の世帯）全国				
2		2022年	2023年	2022年 構成比	202 構用
3	消費支出	3,490,383	3,527,959	=SUM(D4:D13)	
4	食料	982,661	1,038,653	28.2	
5	住居	223,819	216,153	22.8	
6	光熱・水道	294,292	286,262	131.5	
7	家具・家事用品	148,679	148,502	50.5	
8	被服及び履物	113,921	115,726	76.6	
9	保健医療	177,563	176,733	155.9	
10	交通・通信	498,416	514,053	280.7	
11	教育	137,262	125,378	27.5	
12	教養娯楽	331,425	357,181	241.5	
13	その他の消費支出	582,345	549,318	175.7	

<D4：D13 の合計の計算結果を反映した状態>

計算結果は 100% とならないので，計算が間違っていることがわかる。

	A	B	C	D
1	図表6-1　1世帯当たり年間の支出額（二人以上の世帯）全			
2		2022年	2023年	2022年 構成比
3	消費支出	3,490,383	3,527,959	1,191
4	食料	982,661	1,038,653	28.2
5	住居	223,819	216,153	22.8
6	光熱・水道	294,292	286,262	131.5
7	家具・家事用品	148,679	148,502	50.5
8	被服及び履物	113,921	115,726	76.6
9	保健医療	177,563	176,733	155.9
10	交通・通信	498,416	514,053	280.7
11	教育	137,262	125,378	27.5
12	教養娯楽	331,425	357,181	241.5
13	その他の消費支出	582,345	549,318	175.7

◆**不具合の発生とその原因を考える。** ……………………………………………………………

❶ セル D4 の計算式をそのままコピーすると不具合が発生する。セル D3 の計算結果が 100 ％ になっているかで，計算が正しいかをチェックすることができる。

❷ 住居費の構成比セル D5 にカーソルを合わせ，数式バーを見ると「＝B5/B4＊100」と表示されている。消費支出の値（セル B3）が分母になるので，本来は「＝B5/B3＊100」でなければならない。

76 　第 6 講　家計消費の特徴を知る

<セル D5 に不具合が発生した例>

	A	B	C	D
1	図表6-1　1世帯当たり年間の支出額（二人以上の世帯）全国			
2		2022年	2023年	2022年構成比
3	消費支出	3,490,383	3,527,959	1,191
4	食料	982,661	1,038,653	28.2
5	住居	223,819	216,153	=B5/B4*100

「＝B5/B3＊100」でなければならない。

❸　セル D4 をセル D5 にコピーしたところ，次のようになってしまったことがわかる。
　　セル D4 の式「＝B4/B3＊100」　　セル D5 の式「＝B5/B4＊100」
❹　セル D4 からセル D5 へと行が 1 つ下がることにより，分子だけでなく分母の方もセル B3 からセル B4 へと行が 1 つ下がっている。構成比が適切に得られない原因はここにあった。

◆計算式の単純コピーは相対参照（相対的位置関係のコピー）となることを確認する。

　セル D4，B4，B3 の位置関係と，セル D5，B5，B4 の位置関係に注目しよう。あるセルに含まれる計算式を他のセルにコピーすると，相対的な位置関係がコピーされる。これを相対参照という。

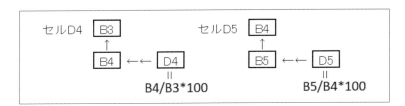

◆計算式をコピーしても位置が動かないセル（絶対参照のセル）にする。

❶　セル D4 をセル D5 にコピーしたとき，次のようになればよい。
　セル D4「＝B4/B3＊100」，セル D5「＝B5/B3＊100」
　セル D4 の分子の「B4」はコピー先の位置によって動いてよいが，分母の「B3」は，コピー先が変わっても動かないことが必要である。そのための操作が絶対参照の指定である。絶対参照の指定には F4 キーを利用する。
❷　セル D4 にカーソルを合わせ，「＝」を入力して計算式モードに入る。
❸　次に，セル B4 にカーソル → / → セル B3 にカーソル → F4 キー → ＊ → 100 → Enter
　F4 キーの利用により，セル D4 は「＝B4/$B$3＊100」となる。
　　数式バー上で「＝B4/B3＊100」の「B3」にカーソルを合わせ，F4 キーを押してもよい。
❹　セル D4 を D5：D13 にコピーする。計算結果については小数第 1 位まで表示する。
❺　セル D3 は「100.0」となる。

6-2　寄与度と寄与率　　77

◆**セルを絶対参照に指定する方法を確認する。** ･･･

- F4 キーの利用

    食料費の構成比の計算式を作る際，「B3」を計算式に入れたところで，F4 キーを押す。そうすると「$B$3」となり，「B」と「3」の左側に「$」記号が入る。F4 キーをもう一度押すと「B$3」となり，「3」のみ（3行目という位置）が固定される。F4 キーをさらにもう一度押すと「$B3」となり，「B」のみ（B列という位置）が固定される。そして，F4 キーをもう一度押すと「B3」に戻る。

- 数式バー上で「$」入力

    セルの絶対参照については，数式バー上で必要なところに直接 $ 記号を入力してもよい。

＜セル B3 を絶対参照に指定した状態＞

	A	B	C	D
1	図表6-1　1世帯当たり年間の支出額（二人以上の世帯）全国			
2		2022年	2023年	2022年 構成比
3	消費支出	3,490,383	3,527,959	
4	食料	982,661	1,038,653	=B4/B$3*100

◆**2023 年の各支出費目の構成比を求める。** ･･･

　同様の方法で 2023 年についても消費支出全体に対する各支出費目の構成比を求める。これが得られると，さらに経年比較を試みたくなるが，それは後の課題とする。図表 6-1 の構成比の全結果は後に示す。

課題 2

　図表 6-1 について，2022 年から 2023 年にかけての各費目の増減率と寄与度を求めなさい。

	A	B	C	D	E	F	G
1	図表6-1　1世帯当たり年間の支出額（二人以上の世帯）全国						（単位：円）
2		2022年	2023年	2022年 構成比	2023年 構成比	2023年 増減率	増減率・ 寄与度
3	消費支出	3,490,383	3,527,959	100.0	100.0		
4	食料	982,661	1,038,653	28.2	29.4		
5	住居	223,819	216,153	6.4	6.1		
6	光熱・水道	294,292	286,262	8.4	8.1		
7	家具・家事用品	148,679	148,502	4.3	4.2		
8	被服及び履物	113,921	115,726	3.3	3.3		
9	保健医療	177,563	176,733	5.1	5.0		
10	交通・通信	498,416	514,053	14.3	14.6		
11	教育	137,262	125,378	3.9	3.6		
12	教養娯楽	331,425	357,181	9.5	10.1		
13	その他の消費支出	582,345	549,318	16.7	15.6		
14							
15	2023年の消費支出の金額は元データでは3527961であるが、計算上、修正している。						

操作手順

◆**消費支出の増減率を求め，それをコピーする。** ....

❶ 増減率は対前年増減率であるので，セル F3 に「＝(C3－B3)/B3 * 100」と計算式を入力する。計算結果については小数第 3 位まで表示する。

❷ セル F3 を F4：F13 にコピーする。

＜セル F3 に増減率の式を入力した状態＞

	A	B	C	D	E	F	G
1	図表6-1　1世帯当たり年間の支出額（二人以上の世帯）全国						（単位：円）
2		2022年	2023年	2022年 構成比	2023年 構成比	2023年 増減率	増減率・ 寄与度
3	消費支出	3,490,383	3,527,959	100.0	100.0	=(C3-B3)/B3*100	
4	食料	982,661	1,038,653	28.2	29.4		

◆**寄与度を求める。** ....

食料費の寄与度は，(2023 年の食料費－2022 年の食料費)/2022 年の消費支出×100 である。この式をセル G4 に入力する。そして，セル G4 を他の寄与度欄にコピーする。この場合も，セル G4 の寄与度を求める際，分母となる 2022 年の消費支出額「B3」についてはセルの絶対参照が必要となる。

❶ セル G4 に「＝(C4－B4)/$B$3 * 100」と計算式を入力する。計算結果については小数第 3 位まで表示する。

❷ セル G4 の計算式を G5：G13 にコピーする。

＜セル G4 に寄与度の式を入力した状態＞

	A	B	C	D	E	F	G	H
1	図表6-1　1世帯当たり年間の支出額（二人以上の世帯）全国						（単位：円）	
2		2022年	2023年	2022年 構成比	2023年 構成比	2023年 増減率	増減率・ 寄与度	
3	消費支出	3,490,383	3,527,959	100.0	100.0	1.077		
4	食料	982,661	1,038,653	28.2	29.4	5.698	=(C4-B4)/$B$3*100	
5	住居	223,819	216,153	6.4	6.1	-3.425		

❸ セル G3 に G4：G13 の合計を計算する。こうして得られたセル G3 の計算結果は，消費支出の増減率セル F3 に一致する。

6-2　寄与度と寄与率　**79**

課題 3

図表 6-1 の全結果は次の通りである。2022 年の家計消費支出の構成比を円グラフで表しなさい。また，2022 年→2023 年の寄与度を棒グラフで表しなさい。

図表 6-1　1世帯あたり年平均1か月間の支出（二人以上世帯）全国

	A	B	C	D	E	F	G
1	図表6-1　1世帯当たり年間の支出額（二人以上の世帯）全国						（単位：円）
2		2022年	2023年	2022年 構成比	2023年 構成比	2023年 増減率	増減率・寄与度
3	消費支出	3,490,383	3,527,959	100.0	100.0	1.077	1.077
4	食料	982,661	1,038,653	28.2	29.4	5.698	1.604
5	住居	223,819	216,153	6.4	6.1	-3.425	-0.220
6	光熱・水道	294,292	286,262	8.4	8.1	-2.729	-0.230
7	家具・家事用品	148,679	148,502	4.3	4.2	-0.119	-0.005
8	被服及び履物	113,921	115,726	3.3	3.3	1.584	0.052
9	保健医療	177,563	176,733	5.1	5.0	-0.467	-0.024
10	交通・通信	498,416	514,053	14.3	14.6	3.137	0.448
11	教育	137,262	125,378	3.9	3.6	-8.658	-0.340
12	教養娯楽	331,425	357,181	9.5	10.1	7.771	0.738
13	その他の消費支出	582,345	549,318	16.7	15.6	-5.671	-0.946
14							
15	2023年の消費支出の金額は元データでは3527961であるが、計算上、修正している。						

操作手順

◆構成比のグラフを作成する。

構成比は，全体を 100％ としたとき，個々の構成項目が何％を占めるかの割合を示すものであり，円グラフでとらえるとわかりやすい。

❶　A4：A13 をドラッグした後 Ctrl を押しながらさらに D4：D13 をドラッグして反転させる。

❷　［挿入］タブの［グラフ］グループの［円またはドーナツグラフの挿入］をクリックし，［2-D 円］の「円」をクリックする。

❸　グラフはデータと同一のワークシート上に作成されるので，作成されたグラフにカーソルを合わせ，［グラフのデザイン］タブの［場所］グループで （グラフの移動）をクリックする。そうすると，［グラフの移動］ダイアログボックスが表示されるので，「新しいシート」を選択し，新しいグラフシートに移動する。シート名は「図表 6-2　家計消費支出の構成比（2022 年）」と名前を付けておく。

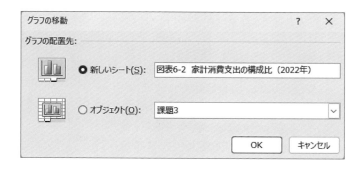

❹ 「グラフタイトル」にはシート名と同様に「図表 6-2　家計消費支出の構成比（2022 年）」
と入力する。

❺ グラフの体裁を整える。
- ・　グラフ右上の ╋ （グラフ要素）をクリックして，「凡例」の ▶ をクリックする。凡例
の位置を変更することができるので，「右」を選択する。
- ・　同様に ╋ （グラフ要素）をクリックして，「データラベル」にチェックを入れる。
- ・　データラベルの数値をクリックして［ホーム］タブの［フォント］で大きさを「18pt」
にし，［書式］タブの［図形の塗りつぶし］で「白，背景 1」を選択する。
- ・　凡例をクリックして［ホーム］タブの［フォント］で凡例の大きさを「12pt」に変更す
る。

図表 6-2　家計消費支出の構成比（2022 年）

図表6-2　家計消費支出の構成比（2022年）

28.2	食料
16.7	住居
9.5	光熱・水道
3.9	家具・家事用品
14.3	被服及び履物
5.1	保健医療
3.3	交通・通信
4.3	教育
8.4	教養娯楽
6.4	その他の消費支出

◆寄与度のグラフを作成する。

❶ A3：A13 をドラッグした後 Ctrl を押しながら，G3：G13 をドラッグして反転させる。

❷ ［挿入］タブ－［グラフ］グループの［縦棒／横棒グラフの挿入］をクリックし，［2-D
縦棒］の「集合縦棒」をクリックする。

❸ ［グラフのデザイン］タブ－［場所］グループで［グラフの移動］をクリックする。［グラ
フの移動］ダイアログボックスが表示されるので，［新しいシート］を選択する。シート名
には「図表 6-3　消費支出の増減率と各費目の寄与度」と名前を付けておく。

❹ ［グラフタイトル］に「図表 6-3　消費支出の増減率と各費目の寄与度（2022 年→2023
年）」と入力する。グラフ右上の ╋ （グラフ要素）をクリックして，［軸ラベル］の ▶ をク
リックし［第 1 縦軸］にチェックを入れる。そうすると縦軸ラベル記入ボックスが表示され
るので「増減率%，寄与度%」と入力する。さらに，「増減率%，寄与度%」を右クリック
して［軸ラベルの書式設定］を選択する。作業ウィンドウが右側に表示されるので，［文字
のオプション］を選択し［テキストボックス］をクリックする。［文字列の方向］を"縦書
き"にする。

<［軸ラベル］-［第1縦軸］にチェックを入れる>　　　<［文字列の方向］を"縦書き"にする>

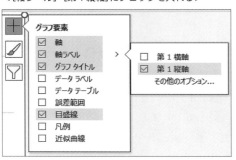 

◆寄与度のグラフを編集する。

❶ 軸ラベルを下端に表示する。
- 横軸の項目名をクリックして選択し，次に右クリックで［軸の書式設定］を選ぶ。
- ［軸の書式設定］作業ウィンドウが表示される。
- ［軸のオプション］の［ラベル］をクリックして表示される「ラベルの位置」のドロップダウンリストボックスから"下端/左端"を選び，次いで［文字のオプション］の［テキストボックス］をクリックし，［文字列の方向］のドロップダウンリストボックスから"縦書き"を選ぶ。

❷ データ値を表示する。
- （グラフ要素）をクリックして［データラベル］の をクリックして"外側"を選択すると，棒グラフの上にデータ値が表示される。

❸ 目盛線を表示する。
- （グラフ要素）をクリックして［目盛線］の をクリックする。"第1主縦軸"と"第1補助横軸"にチェックを入れる。
- 線の太さについては，［目盛線の書式設定］作業ウィンドウの［幅］で調整する。

<データ値を表示する>　　　　　　　　<目盛線を表示する>

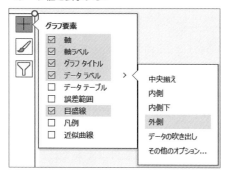 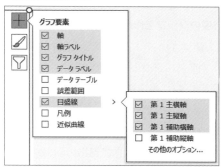

図表 6-3　消費支出の増減率と各費目の寄与度（2022年→2023年）

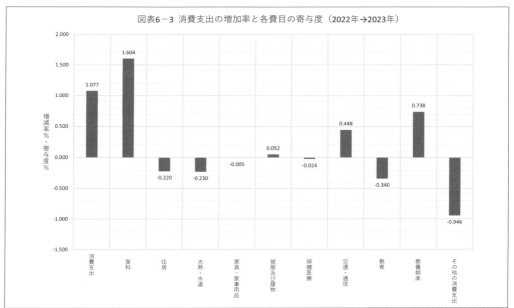

◆グラフから特徴を読み取る。

　グラフを作成するのは，特徴を読み取るためである。ここで取り組んできた2023年は原材料価格の高騰などを受けた食料や日常品の値上げが響いている。その一方，政府による電気・ガス料金の負担軽減策の影響も受けていることがわかる。また，2023年5月から新型コロナウイルス感染症の感染症法上の位置づけがインフルエンザと同じ5類に移行したことによる影響も受けていると考えられる。

演習問題

　図表 6-4 は，2021 年，2022 年，2023 年の 1 世帯あたり年間の支出（全世帯）全国の結果をまとめたものである。Excel シート上に図表 6-4 を作成し，図表 6-1 と同様に各費目の増減率と寄与度，寄与率を求め，2022 年の消費支出の増減率に対する寄与度のグラフを作成しなさい。また，2022 年と 2023 年の食料〜その他の消費支出までの寄与率を円グラフにしなさい。　　　　　　　　　　　　　　　（ファイル名「6 講_課題」−「図表 6-4」シート）

図表 6-4　1 世帯あたり年間の支出（全世帯）全国（2021 年〜2023 年）

	A	B	C	D	E	F	G	H	I	J
1	図表6-4　1世帯当たり年間の支出額（全世帯）全国									（単位：円）
2		2021年	2022年	2023年	2022年増減率	2023年増減率	2022年寄与度	2023年寄与度	2022年寄与率	2023年寄与率
3	消費支出									
4	食料	792,706	815,241	860,624						
5	住居	236,087	244,101	241,823						
6	光熱・水道	215,278	244,798	238,408						
7	家具・家事用品	118,558	119,283	120,050						
8	被服及び履物	90,818	95,661	93,854						
9	保健医療	143,670	145,677	144,364						
10	交通・通信	388,714	402,269	420,859						
11	教育	92,301	87,704	79,077						
12	教養娯楽	270,697	292,750	311,340						
13	その他の消費支出	472,615	483,291	457,464						

※図表 6-4 のデータは，総務省統計局（https://www.stat.go.jp）より入手できる。【統計データ】→【分野別一覧】→【家計調査】→【調査の結果】→【統計表一覧】→【1. 家計収支編】→【時系列表・総世帯・単身世帯・金額，増減率など】→【総世帯・支出金額 2000 年〜】のファイルをダウンロードして得られる。

※2022 年の寄与率は，2022 年の各項目の増減率を消費支出の増減率で割ることで求めることができる。（P.73「6-2-2 寄与率」を参照）。

　セル I4 には「＝(C4−B4)/(C3−B3)＊100」と入力し，分母となる消費支出の増減率を固定するため絶対参照を指定して「＝(C4−B4)/(C$3−B$3)＊100」とした後，コピーする。

第 7 講　国内総生産(OECD 諸国)の分布を見る

レクチャーポイント

❶度数分布表の基本概念（階級，度数，累積度数，相対度数，累積相対度数）の理解
❷度数分布表の作成
❸ヒストグラムの作成

スキルチェック

❶統計関数（COUNT, MAX, MIN, MEDIAN, QUARTILE.INC, FREQUENCY）の利用
❷データ分析ツール（ヒストグラム）の活用

7-1　度数分布表

　度数分布表とは，多数のデータが得られたとき，データをいくつかの範囲に分けて，その範囲に含まれるデータの個数を数え上げ，データの分布状況をつかむための表である。図表 7-1 は，経済協力開発機構（OECD）加盟国の 1 人当たり国内総生産（GDP）の度数分布表である。

図表 7-1　OECD 加盟 38 か国の 1 人当たり国内総生産の度数分布（2022 年）（単位；米ドル）

図表7-1	OECD加盟国38か国の1人当たり国内総生産の度数分布（2022）						単位：米ドル	
	軸ラベル	階級値	より大	以下	度数	累積度数	相対度数	累積相対度数
1	20000-30000	25000	20000	30000	3	3	0.08	0.08
2	30000-40000	35000	30000	40000	3	6	0.08	0.16
3	40000-50000	45000	40000	50000	8	14	0.21	0.37
4	50000-60000	55000	50000	60000	9	23	0.24	0.61
5	60000-70000	65000	60000	70000	5	28	0.13	0.74
6	70000-80000	75000	70000	80000	6	34	0.16	0.89
7	80000-		80000	150000	4	38	0.11	1.00
合計					38			

▶経済協力開発機構（OECD）

　本部はフランスのパリにあって，先進国間で協議し経済成長，貿易自由化，途上国支援に貢献することを目的とする国際機関。

▶国内総生産（Gross Domestic Products）

　1 年間の経済活動を通じて生み出される付加価値の総計をいう。付加価値とは，売上高の総計から原材料，部品等の中間投入を差引いた新たに付け加えられた価値である。国内がついているのは，その国の領土内で行われた経済活動を対象範囲に含めるという意味である。このほか，1 年以上国内にとどまる居住者による経済活動も対象範囲に含める国民総生産という概念もある。

階級（クラス）

　図表 7-1 では，データを数え上げるための範囲を 7 に分けてある。この一つ一つの範囲を階級という。第 1 階級は，20000 ドル超 30000 ドル以下で，10000 ドル幅の階級となっている。この階級

7-1　度数分布表　**85**

の中央の値を階級値という。

　階級の幅は，データの最大値と最小値を睨みながら，階級数をいくつにするかで判断する。階級の幅は，わかりやすい数字をとるとともに均等にとるのが通例であるが，飛び抜けたデータ値がある場合は変則形をとることがある。図表7-1では，第7階級にやや飛び抜けたデータが入っており，上限値を限定しないオープンエンドの階級となっている。

度数と累積度数

　各階級に収まるデータがいくつあるかを数え上げる。そのデータ数を度数と呼ぶ。与えられたデータ群から度数を数え上げるには二つの方法がある。一つは，Excelの統計関数であるFREQUENCY関数を用いる方法である。もう一つは，ツール機能にあるデータ分析ツール（ヒストグラム）を用いる方法である。

　各階級の度数を順次足し上げたものを累積度数という。図表7-1でいうと，第2階級の累積度数は，第1階級と第2階級の度数を足したものである。以下同様に足し上げ，最後の第7階級の累積度数は全データ数と同じとなる。

相対度数と累積相対度数

　各階級の度数を全度数で割った値を相対度数と呼ぶ。通常，小数で表す。累積度数についても同様の操作が可能である。これを累積相対度数と呼ぶ。

7-2　ヒストグラム

　各階級を横軸に，各階級の度数を縦軸にとって作られる棒グラフをヒストグラムという。この棒グラフの各棒の頂上の中点を相互に結んでできる折れ線グラフを度数多角形という。相対度数分布についても同様の棒グラフを作成することができる。図表7-2は，図表7-1の度数分布をグラフ化したものである。

図表7-2　OECD加盟国の1人当たり国内総生産（GDP）のヒストグラム

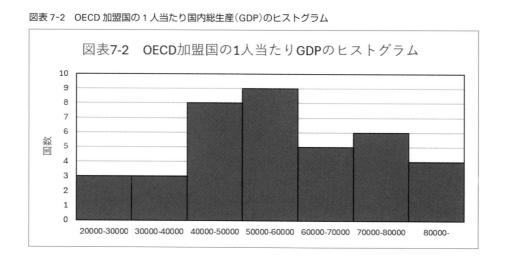

課題 1

　図表 7-3 は 2022 年の OECD 加盟国の 1 人当たり国内総生産を表したものである。Excel のワークシート上にこの図表を作成し，データ数，最大値，最小値，中央値，第 1 四分位数，第 3 四分位数を，関数を使って求めなさい。

（ファイル名「7 講_課題」－「課題」シート）

図表 7-3　OECD 加盟国の 1 人当たり国内総生産（2022 年）

	A	B	C	D	E
1	図表 7-3　OECD加盟国の 1人当たり内総生産（2022）				
2		単位：米ドル		データ数	
3	Australia	71753.645		最大値	
4	Austria	70889.432		最小値	
5	Belgium	68308.209		中央値	
6	Canada	62041.557		第1四分位数	
7	Chile	31227.991		第3四分位数	
8	Colombia	21630.619		範囲	
9	Costa Rica	26027.853			
10	Czechia	53270.198			
11	Denmark	78255.729			
12	Estonia	48555.186			
13	Finland	62590.082			

14	France	57859.917
15	Germany	66616.054
16	Greece	38364.488
17	Hungary	43394.764
18	Iceland	75834.459
19	Ireland	135774.001
20	Israel	52169.364
21	Italy	55838.853
22	Japan	47185.509
23	Korea	51666.493
24	Latvia	40957.406
25	Lithuania	50997.269
26	Luxembourg	145971.048
27	Mexico	23659.102
28	Netherlands	77284.537
29	New Zealand	51947.524

30	Norway	124255.731
31	Poland	45478.987
32	Portugal	44962.944
33	Slovak Rep.	40629.722
34	Slovenia	51364.490
35	Spain	48655.653
36	Sweden	66616.615
37	Switzerland	90732.724
38	Türkiye	38355.113
39	United Kingdom	56761.508
40	United States	77177.991

※　OECD 諸国のデータは，OECD パリ本部の Web サイトより入手できる。
　OECD の Web サイトにアクセスする（https://www.oecd.org）。
　右上の検索ボタンをクリックすると検索ウィンドウが開くので「Nominal Gross Domestic Product」と入力する。検索結果から「Nominal gross domestic product（GDP）」を選択する。表示されたグラフが「US dollars per capita」になっていることを確認し，グラフ右上の三点リーダーから CSV ファイルを選択してダウンロードする。

操作手順

◆**図表 7-3 を作成する。** ⋯⋯⋯⋯⋯⋯⋯⋯⋯⋯⋯⋯⋯⋯⋯⋯⋯⋯⋯⋯⋯⋯⋯⋯⋯⋯⋯⋯⋯⋯⋯⋯⋯⋯⋯

　国名と数値は OECD の Web サイトからダウンロードした CSV ファイルを利用する。

◆**データ数，最小値，最大値を求める。** ⋯⋯⋯⋯⋯⋯⋯⋯⋯⋯⋯⋯⋯⋯⋯⋯⋯⋯⋯⋯⋯⋯⋯⋯⋯⋯

❶　セル E2 をクリックし，数式バーの f_x（関数の挿入）をクリックする。

❷　数値の入ったセルを数える場合は COUNT 関数を利用する。［関数の挿入］ダイアログボックスで「関数の検索」で COUNT を検索し，関数名の一覧から選択して「OK」をクリックする。

❸　［関数の引数］ダイアログボックスで，［値 1］に B3：B40 を指定する。
　［OK］をクリックすると，セル E2 に結果が表示される。

❹　最大値 MAX，最小値 MIN，中央値 MEDIAN，第 1 四分位数および第 3 四分位数は QUARTILE.INC 関数を利用して求められる。また，最小値と最大値から範囲も求めることができる。

　中央値：小さい順に並べたとき中央にくる値，偶数個のデータの場合は中二つの平均

　第 1 四分位数：小さい順に並べたとき上から 25% の位置にくる値（25 パーセンタイル）

　第 3 四分位数：小さい順に並べたとき上から 75% の位置にくる値（75 パーセンタイル）

7-2　ヒストグラム　**87**

範囲（レンジ）：最大値マイナス最小値

※四分位値は QUARTILE.INC 関数を使って求めることができる。この関数の配列にデータ系列を指定し，戻り値に 0，1，2，3，4 を指定する。そうすると，順に最小値，第1四分位数，中央値，第3四分位数，最大値が返されるので，これを利用する。実は，高校で習う数学Ⅰに出てくる四分位値の計算式と QUARTILE.INC 関数は異なっているため，同じ値にならない。しかし，両者は大まかに考えると，近い数値であるのと，関数を利用した方が便利なため，一般社会では関数の方がよく使用される。

課題 2

(1) 図表 7-4 は図表 7-3 に関する度数分布表の枠組みである。この表を作成しなさい。なお，A～E 列については図表 7-3 のデータを利用する。

(2) FREQUENCY 関数を使って各階級の度数を求めなさい。

(3) 累積度数，相対度数，累積相対度数を求めなさい。

(4) ヒストグラムを作成しなさい。

図表 7-4　OECD 加盟国の 1 人当たり国内総生産の度数分布表

	A	B	C	D	E	F	G	H	I	J	K	L	M	N	O
1	図表7-3　OECD加盟国の1人当たり国内総生産（2022）						図表7-4　OECD加盟国38か国の1人当たり国内総生産の度数分布（2022）								単位：米ドル
2		単位：米ドル		データ数	38			軸ラベル	階級値	より大	以下	度数	累積度数	相対度数	累積相対度数
3	Australia	71753.645		最大値	145971.048		1	20000-30000	25000	20000	30000				
4	Austria	70889.432		最小値	21630.619		2	30000-40000	35000	30000	40000				
5	Belgium	68308.209		中央値	52719.781		3	40000-50000	45000	40000	50000				
6	Canada	62041.557		第1四分位数	21630.62		4	50000-60000	55000	50000	60000				
7	Chile	31227.991		第3四分位数	70244.13		5	60000-70000	65000	60000	70000				
8	Colombia	21630.619		範囲	124340.43		6	70000-80000	75000	70000	80000				
9	Costa Rica	26027.853					7	80000-		80000	150000				
10	Czechia	53270.198					合計								
11	Denmark	78255.729													
12	Estonia	48555.186													
13	Finland	62590.082													
14	France	57859.917													
15	Germany	66616.054													
16	Greece	38364.488													
17	Hungary	43394.764													

操作手順

（1）　度数分布表の枠組みの作成

H 列に軸ラベルの列を設けたのは，グラフの作成時に各階級の範囲を示す軸ラベルが必要となるためである。階級の範囲は，「以上－未満」でなく「より大－以下」で指定する。これは，FREQUENCY 関数が範囲の上限を指定して度数を数えることになっているためである。

（2）　度数

◆第 1 階級の度数を求める。

❶　セル L3 をクリックし，数式バーの **fx**（関数の挿入）をクリックする。

❷　［関数の挿入］ダイアログボックスで「関数の検索」に frequency と入力して検索し，関数名の一覧から選択して「OK」をクリックする。

88　第 7 講　国内総生産（OECD 諸国）の分布を見る

❸　［関数の引数］ダイアログボックスで次のように設定する。

　　・　［データ配列］に，数え上げるデータの範囲 B3：B40 を指定する。

　　・　［区間配列］に，度数分布表の上限値範囲(以下とした範囲)K3：K9 を指定する。

　　［OK］をクリックすると，セル L3 に第 1 階級の度数が表示される。

```
関数の引数                                                          ?    ×

 FREQUENCY
          データ配列  B3:B40                          ↑  = {71753.645427;70889.43168;683...
          区間配列   K3:K9                           ↑  = {30000;40000;50000;60000;7000...
                                                      = {3;3;8;9;5;6;4;0}
 範囲内でのデータの度数分布を、垂直配列で返します。返された配列要素の個数は、区間配列の個数より 1 つだけ多くなります。

              データ配列  には度数分布を求めたい値の配列、または参照を指定します。空白セルおよび文字列は
                        無視されます。

 数式の結果 =  3

 この関数のヘルプ(H)                                      OK        キャンセル
```

◆第 1 階級の度数の式をほかの階級の度数欄にコピーする（配列数式）。……………………………

　第 1 階級の度数であるセル L3 の式は「＝FREQUENCY（B3：B40，K3：K9）」である。B3：B40 は 1 人当たり国内総生産のデータ，K3：K9 は各階級の上限値(以下とした境界値)である。FREQUENCY 関数は特殊な関数で，セル L3 をそのままほかのセルにコピーしても，ほかの階級の度数は得られない。次の手順が必要である。

❶　セル L3 を含め，度数を求める範囲全体 L3：L9 をカーソルでドラッグして反転させる。

❷　キーボードの「F2」を押す（L3 が入力可能状態になる）。

❸　ここで，Ctrl＋Shift を押しながら，Enter を押す。

※配列数式の設定

　以上の操作で求めたい度数が一気に得られるが，入力後の数式ボックス内の式は，{=FREQUENCY（B3：B40，K3：K9）}となる。セル L4 からセル L9 のどのセルにカーソルを合わせても数式ボックス内の式はセル L3 の式と同じになっている。これは，1 組のデータセットに基づく複数の計算を複数のセルに対して同時に返す処理をしていることを意味し，こうした数式を配列数式という。配列数式は，数式ボックス内で{　}で表示される。

　配列数式が設定されると，一部のセルのみを変更させることはできない。たとえば，セル L9 を削除しようとしても，「配列の一部を変更することはできません。」というメッセージが出てくる。変更する場合は，配列数式の入っているセル全体をドラッグして反転させて，Del を押して，配列数式全体を削除してからやり直すことが必要である。操作を誤って配列を一部変更すると，エラーから逃れられないといった場合には，ESC を押して対処しなおす。

7-2　ヒストグラム　**89**

<度数の入力>

	G	H	I	J	K	L	M	N	O
1		図表7-4　OECD加盟国38か国の1人当たり国内総生産の度数分布（2022）							単位：米ドル
2		軸ラベル	階級値	より大	以下	度数	累積度数	相対度数	累積相対度数
3	1	20000-30000	25000	20000	30000	3			
4	2	30000-40000	35000	30000	40000	3			
5	3	40000-50000	45000	40000	50000	8			
6	4	50000-60000	55000	50000	60000	9			
7	5	60000-70000	65000	60000	70000	5			
8	6	70000-80000	75000	70000	80000	6			
9	7	80000-		80000	150000	4			
10	合計					38			

（3）　累積度数，相対度数，累積相対度数

◆累積度数を求める。……………………………………………………………………………………

　第1階級の累積度数は，第1階級の度数そのものである。第2階級の累積度数は，第1階級の度数に第2階級の度数を加えたもの，第3階級の度数は第2階級の累積度数に第3階級の度数を加えたものである。以下，同様の手続きとなる。

❶　セルM3に「＝L3」と入力する。

❷　セルM4に「＝M3+L4」と入力する。

❸　セルM4の計算式をM5：M9にコピーする。

　※セルM4に「＝SUM($L$3:L4)」と入力して同様にコピーしてもよい。

<累積度数の入力>

	G	H	I	J	K	L	M	N	O
1		図表7-4　OECD加盟国38か国の1人当たり国内総生産の度数分布（2022）							単位：米ドル
2		軸ラベル	階級値	より大	以下	度数	累積度数	相対度数	累積相対度数
3	1	20000-30000	25000	20000	30000	3	3		
4	2	30000-40000	35000	30000	40000	3	=M3+L4		
5	3	40000-50000	45000	40000	50000	8			
6	4	50000-60000	55000	50000	60000	9			
7	5	60000-70000	65000	60000	70000	5			
8	6	70000-80000	75000	70000	80000	6			
9	7	80000-		80000	150000	4			
10	合計					38			

◆相対度数を求める。……………………………………………………………………………………

各階級の度数を全度数で割ったものが相対度数である。

❶　度数の合計欄セルL10にセルL3からセルL9までの合計をSUM関数で入れる。

❷　第1階級の相対度数が入るセルN3に，「＝L3/$L$10」と入力する。結果は小数第3位まで求めてみよう。この式をそれ以下のセルにコピーするので，セルL10については絶対参照の指定が必要である。

❸　セルN3の計算式をN4：N10にコピーする。

◆累積相対度数を求める。

　累積度数を求めた際と同様の手続きを，相対度数に対して行えばよい。効率的に操作するには，M3：M9 を O3：O9 にコピーするとよい。

＜相対度数と累積相対度数の入力＞

	G	H	I	J	K	L	M	N	O
1		図表7-4　OECD加盟国38か国の1人当たり国内総生産の度数分布（2022）						単位：米ドル	
2		軸ラベル	階級値	より大	以下	度数	累積度数	相対度数	累積相対度数
3	1	20000-30000	25000	20000	30000	3	3	0.08	0.08
4	2	30000-40000	35000	30000	40000	3	6	0.08	0.16
5	3	40000-50000	45000	40000	50000	8	14	0.21	0.37
6	4	50000-60000	55000	50000	60000	9	23	0.24	0.61
7	5	60000-70000	65000	60000	70000	5	28	0.13	0.74
8	6	70000-80000	75000	70000	80000	6	34	0.16	0.89
9	7	80000-		80000	150000	4	38	0.11	1.00
10	合計					38		1.00	

（4）ヒストグラムの作成

　度数と累積度数をグラフにすると図表7-5のようになる。全体としてかなりの差があることがわかる。なお，第7講ではこれ以降「国内総生産」を「GDP」と略表記する。

図表7-5　OECD加盟国の1人当たりGDPの分布（2022年）

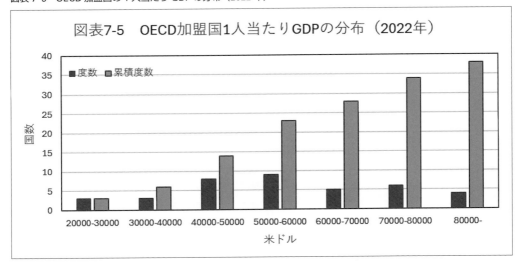

課題 3

分析ツールを用いて課題❷の度数，累積度数を求め，ヒストグラムを作成しなさい。

▶分析ツール

Excel には分析ツールと呼ばれるデータ分析用のツールが用意されている。［データ］タブの中に［分析ツール］が表示されない場合は，［ファイル］タブ－［オプション］→［Excel のオプション］ダイアログボックス→［アドイン］を選び，［設定］をクリックして［アドイン］ダイアログボックスで［分析ツール］にチェックを入れ，［OK］をクリックする。

操作手順

◆ヒストグラムのダイアログボックスに入力する。

［データ］タブ－［データ分析］をクリックすると，［データ分析］ダイアログボックスに［分析ツール］メニューが表示されるので，ここから"ヒストグラム"を選ぶと，下図のような［ヒストグラム］ダイアログボックスが現れる。この中の［入力範囲］［データ区間］を適切に選ぶと，各階級の度数をはじめ，ヒストグラム，相対度数，累積相対度数，パレート図まで一気に表示してくれる。表示先は，同一シート内で指示した位置に出すこともできるし，別シートに表示することもできる。

❶ ［入力範囲］に分析するデータ範囲 B3：B40 を入力すると，自動的に絶対参照指定（$B$3：$B$40）される。

❷ ［データ区間］に各階級の境界値（上限値）の入った一連のセル範囲 K3：K8 を入力する。これも自動的に絶対参照指定（$K$3：$K$8）される。

※ この境界値は，昇順で並んでいることが必要である。最初のデータ区間より小さい値のデータは最初のデータ区間の要素として数えられ，最後のデータ区間より大きい値のデータは最後のデータ区間の要素として数えられる。データ区間を省略した場合は，データの最小値と最大値の間を均等に区切ったデータ区間が自動的に作成される。

※ "ラベル"は，入力範囲の先頭行または先頭列にラベルが入力されている場合にチェックを入れる。ここではチェックを入れない。

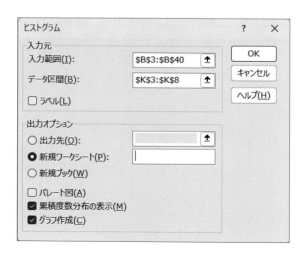

❸ ［出力オプション］の"新規ワークシート"を選択する。"新規ブック"を選ぶこともできる。同一ワークシート内に出力する場合は，出力テーブルの左上隅のセルを指定する。
❹ "累積度数分布の表示"，"グラフ作成"にチェックを入れる。
※ "パレート図"は頻度の高いデータ区間から順に表示する際にチェックを入れる。ここでは入れない。
❺ ［OK］をクリックすると，一気に次のシートが作られる。

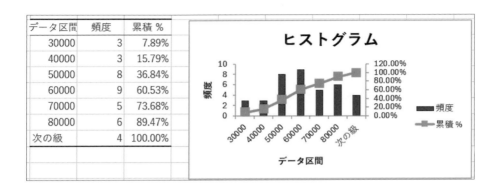

◆日本の位置を確認する。

図表 7-3 のデータを数値の高い順に並べて棒グラフを作成すると，次の図表 7-6 のようになる。なお，並べ替えについては第 12 講で学習する。

図表 7-6　OECD 諸国の 1 人当たり GDP の並べ替えの結果（2022 年）

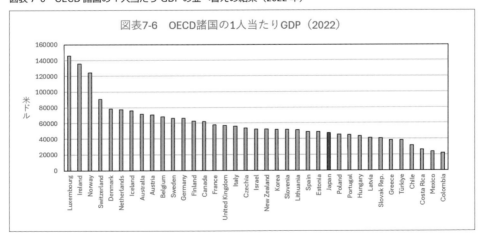

7-2　ヒストグラム　93

演習問題

1. 図表 7-7 は OECD がまとめた 2023 年の OECD 主要国の平均年収である。Excel のワークシート上にこの図表を作成し，以下の問いに答えなさい。

（ファイル名「7 講_課題」－「演習問題 1」シート）

(1) データ数，最大値，最小値を関数を使って求めなさい。

(2) 図表 7-1，図表 7-4 にならって，図表 7-7 に関する度数分布表の枠組みを作成しなさい。最大値，最小値の大きさを考えて階級の範囲（より大，以下）を設定しなさい。階級数はいくつでもよい。

(3) FREQUENCY 関数を使って各階級の度数を求めなさい。

(4) 累積度数，相対度数，累積相対度数を求め，ヒストグラムを作成しなさい。

(5) 分析ツール（ヒストグラム）を使ってヒストグラムを作成しなさい。

図表 7-7　2023 年 OECD 主要国の平均年収

	A	B	C
1	国名	平均年収	(US dollars)
2	Luxembourg	89767	
3	Iceland	87421	
4	Switzerland	83332	
5	United States	80115	
6	Belgium	73206	
7	Norway	71972	
8	Austria	71167	
9	Netherlands	70185	
10	Denmark	69525	
11	Australia	67101	
12	Canada	66211	
13	Germany	65719	
14	France	59087	
15	New Zealand	58097	

※ データは OECD の Web サイト（https://www.oecd.org）から入手できる。
　右上の検索ボタンをクリックすると検索ウィンドウが開くので「average annual wages」と入力する。検索結果から「Average annual wages」を選択する。出力されたグラフが「Average annual wages」になっていることを確認し，グラフ右上の三点リーダーから CSV ファイルを選択してダウンロードする。

2. 図表 7-8 は OECD がまとめた 2022 年の OECD 主要国の女性の労働力人口である。Excel のワークシート上にこの図表を作成し，以下の問いに答えなさい。

（ファイル名「7 講_課題」－「演習問題 2」シート）

(1) データ数，最大値，最小値を関数を使って求めなさい。

(2) 図表 7-1，図表 7-4 にならって，図表 7-8 に関する度数分布表の枠組みを作成しなさい。最大値，最小値の大きさを考えて階級の範囲（より大，以下）を設定しなさい。階級数はいくつでもよい。

(3) FREQUENCY 関数を使って各階級の度数を求めなさい。

(4) 累積度数，相対度数，累積相対度数を求め，ヒストグラムを作成しなさい。

(5) 分析ツール（ヒストグラム）を使ってヒストグラムを作成しなさい。

図表 7-8　2022 年 OECD 主要国の労働力人口（女性）

	A	B	C
1	国名	労働力人口（女性）	（千人）
2	United States	76866	
3	Japan	30964	
4	Mexico	23645	
5	Germany	20493	
6	United Kingdom	16203	
7	France	14933	
8	Korea	12546	
9	Türkiye	11458	
10	Spain	11057	
11	Italy	10755	
12	Canada	9885	
13	Poland	7865	
14	Australia	6725	
15	Netherlands	4690	

※　データは OECD の Web サイト（https://www.oecd.org）から入手できる。

　右上の検索ボタンをクリックすると検索ウィンドウが開くので「Labour force」と入力する。検索結果から「Labour force」を選択する。

　出力されたグラフが「Labour force」になっていることを確認し，グラフ右上の三点リーダーから CSV ファイルを選択してダウンロードする。

第 **8** 講 **賃金・貯蓄データを読む**

レクチャーポイント
❶相加平均，メジアン，モードの理解 ❷標準偏差，分散

スキルチェック
❶統計関数（VAR.P，STDEV.P）の利用

8-1 代表値（平均）と偏差

8-1-1 代表値（平均）

　平均は統計（学）の中で，最も重要な概念の一つである。本講ではこの平均の種類，それぞれの求め方，その意味を考える。また，平均からのデータの乖離（ばらつき）を表す偏差という概念についても解説し，その統計的意味を示す。

　平均は，集団の代表値である。平均には，いろいろな形がある。一般的には，ある集団のデータの総和を，集団を構成する単位の総和で割った相加平均のことを平均と呼んでいる。

　しかし，平均の取り方はこれだけではない。平均のさまざまなとり方を整理すると，計算によって求めることができるものと，データの位置によって求めることができるものとの，大きく2通りに分類できる。それぞれに含まれる平均の種類には，以下のものがある。

　①　計算によって求められる代表値…相加平均，相乗平均，調和平均
　②　位置によって求められる代表値…メジアン（中位数），モード（最頻値）

　相加平均は，データの合計をデータ数で除した値である。一般式は次の通りである。ここで $\bar{x}$ は相加平均，$x_1, x_2 \cdots x_n$ はデータ，n はデータの数である。

$$\bar{x} = \frac{x_1 + x_2 + \cdots x_n}{n} = \frac{1}{n} \sum_{i=1}^{n} x_i$$

　相乗平均は，人口増加率や経済成長率など比率の平均を計算するために使われる。調和平均については P.105 のコラムを参照されたい。

　メジアン（中位数）は，値の大きい順に，あるいは小さい順に並べ替えられたデータで，その順位の中央に位置する値である。データが奇数個の場合には，中央に位置する値が一つなので，メジアンはすぐに決まる。データ全体が偶数個の場合には中央に位置するデータは2個となるので，この場合には，これらの2個を足して2で割って求める。

　モード（最頻値）は，度数分布で最も多い度数を示す値（階級値）である。

96　第8講　賃金・貯蓄データを読む

8-1-2 偏差

偏差は，個々のデータの平均からの乖離（かいり）の程度を表す統計値である。これらのデータの平均からの乖離の程度を絶対値でとることもできるし，両者の差の2乗で計算することもできる。前者の方法で求める偏差を平均偏差，後者の方法で求める偏差を標準偏差という。

通常は，標準偏差が使われる。その理由は，統計計算の発展的な展開に後者の方が活用の余地が広いからである。

なお，標準偏差は分散の平方根であり，標準偏差の2乗が分散である。分散の計算上の意味は，計算式を読めばわかるように，偏差の2乗の平均値である。

Excel の統計関数では，分散が VAR.P，標準偏差が STDEV.P であり，課題❶でこの関数を使い，課題❷でその意味を考える。次式は分散(σ^2)と標準偏差(σ)を求める一般式である。

$$\sigma^2 = \frac{(x_1-\overline{x})^2 + (x_2-\overline{x})^2 + \cdots + (x_n-\overline{x})^2}{n} = \frac{\sum\limits_{i=1}^{n}(x_i-\overline{x})^2}{n}$$

$$\sigma = \sqrt{\frac{(x_1-\overline{x})^2 + (x_2-\overline{x})^2 + \cdots + (x_n-\overline{x})^2}{n}} = \sqrt{\frac{\sum\limits_{i=1}^{n}(x_i-\overline{x})^2}{n}}$$

課題 1

図表8-1はA社とB社の従業員月額給与を表したものである。Excel のワークシート上にこの図表を作成し，総額，従業員数，平均を求めなさい。平均(1)は計算式，平均(2)は関数 AVERAGE を使って求め，両者が一致することを確認しなさい。分散，標準偏差は VAR.P 関数，STDEV.P 関数を使って求めなさい。（ファイル名「8講_課題」－「図表8-1」シート）

図表8-1　A社，B社の従業員月額給与

	A	B	C
1	図表8-1	A社、B社の従業員月額給与（万円）	
2		A社	B社
3	1番	10	20
4	2番	10	20
5	3番	10	20
6	4番	20	20
7	5番	20	30
8	6番	20	30
9	7番	20	30
10	8番	30	30
11	9番	30	30
12	10番	30	40
13	11番	30	40
14	12番	30	40
15	13番	40	40
16	14番	40	40
17	15番	40	40
18	16番	40	40
19	17番	40	50
20	18番	40	50
21	19番	50	50
22	20番	50	50
23	21番	50	50
24	22番	50	50
25	23番	50	50
26	24番	50	60
27	25番	50	60
28	26番	60	60
29	27番	60	60
30	28番	60	60
31	29番	60	60
32	30番	70	60
33	31番	70	60
34	32番	70	60
35	33番	70	60
36	34番	80	60
37	35番	80	70
38	36番	80	70
39	37番	80	70
40	38番	90	80
41	39番	90	80
42	40番	100	90
43	総額		
44	従業員数		
45	平均(1)		
46	平均(2)		
47	分散		
48	標準偏差		

8-1　代表値（平均）と偏差　**97**

操作手順

◆A 社と B 社の従業員の給与総額を計算する。‥‥‥‥‥‥‥‥‥‥‥‥‥‥‥‥‥‥‥‥‥‥‥‥‥‥‥‥

  ❶ B43 をクリックし，［ホーム］タブの［編集］グループの ∑ オート SUM ∨ をクリックする。B43 に「＝SUM(B3：B42)」と表示されるので，そのまま Enter を押すと，A 社の従業員の給与総額が計算される。

  ❷ B43 の関数を C43 にコピーする。B 社の従業員の給与総額が計算される。

◆A 社と B 社の従業員総数を計算する。‥‥‥‥‥‥‥‥‥‥‥‥‥‥‥‥‥‥‥‥‥‥‥‥‥‥‥‥‥‥‥‥‥

  ❶ B44 をクリックし，［ホーム］タブの ∑ オート SUM ∨ の右にある矢印をクリックし，［数値の個数］をクリックする。

  ❷ B44 に「＝COUNT(B3：B43)」と表示されるので，範囲を「B3：B42」に修正し，［OK］をクリックする。「40」と計算結果が出る。

  ❸ B44 の関数を C44 にコピーする。

◆A 社と B 社の平均給与を計算する。‥‥‥‥‥‥‥‥‥‥‥‥‥‥‥‥‥‥‥‥‥‥‥‥‥‥‥‥‥‥‥‥‥

  ❶ B45 に「＝B43/B44」と計算式を入力する。「49.25」と計算結果が出る。

  ❷ B45 の計算式を C45 にコピーする。「49.25」と計算結果が出る。

◆B46 に関数を使って平均給与を計算し，上記で求めた値と一致するのを確認する。‥‥‥‥‥‥‥‥‥

  ❶ B46 をクリックし，［ホーム］タブの ∑ オート SUM ∨ の右にある矢印をクリックし，［平均］をクリックする。

  ❷ B46 に「＝AVERAGE(B3：B45)」と表示されるので，範囲を「B3：B42」に修正し，［OK］をクリックする。「49.25」と計算結果が出る。

  ❸ B46 の計算式を C46 にコピーする。「49.25」と計算結果が出る。

◆関数を使って A 社と B 社の給与月額の分散と標準偏差を計算する。‥‥‥‥‥‥‥‥‥‥‥‥‥‥‥‥

  ❶ B47 をクリックし，数式バーの *fx* （関数の挿入）をクリックする。

  ❷ ［関数の挿入］ダイアログボックスで，以下のように指定する。

    ・ ［関数の分類］；"統計"

    ・ ［関数名］；"VAR.P"

    ・ ［数値 1］；B3：B42

    ［OK］をクリックする。「556.9」と計算結果が出る。

  ❸ B48 をクリックし，数式バーの *fx* （関数の挿入）をクリックする。

  ❹ ［関数の挿入］ダイアログボックスで，以下のように指定する。

    ・ ［関数の分類］；"統計"

    ・ ［関数名］；"STDEV.P"

    ・ ［数値 1］；B3：B42

    ［OK］をクリックする。「23.6」と計算結果が出る。

  ❺ B47，B48 の関数を C47，C48 にコピーする。

  ❻ 分散「286.9」，標準偏差「16.9」と計算結果が出る。

※ なお，分散，標準偏差を求める関数として上記のほかに VAR.S，STDEV.S もある。これらは標本から母集団の特性値を推定するときに使われる。

98 第 8 講 賃金・貯蓄データを読む

課題 2

　図表 8-2 は，A 社，B 社の給与を階級別に度数分布表にまとめたものである。Excel の
ワークシート上にこの図表を作成し，以下の指示にしたがって図表，グラフを完成させなさい。

（ファイル名「8 講_課題」－「図表 8-2」シート）

(1)　度数分布表に要約されたデータを使って，分散，標準偏差を求めなさい。

(2)　両社の給与月額階級別度数分布グラフ（折れ線）を作成し，分布を比較しなさい。

図表 8-2　A 社，B 社給与度数分布表（ワークシート内の $\bar{x}$ は平均値）

	A	B	C	D	E	F	G	H	I	J	K	L	M
1	図表 8 − 2			A社、B社給与度数分布表									
2	給与月額	x	A社(f)	$x*f$	$x-\bar{x}$	$(x-\bar{x})^2$	$f(x-\bar{x})^2$	B社(f')	$x*f'$	$f'(x-\bar{x})^2$		A社	B社
3	10万円	10	3					0			平均($\bar{x}$)		
4	20万円	20	4					4			分散(σ^2)		
5	30万円	30	5					5			標準偏差(σ)		
6	40万円	40	6					7					
7	50万円	50	7					7					
8	60万円	60	4					11					
9	70万円	70	4					4					
10	80万円	80	4					1					
11	90万円	90	2					1					
12	100万円	100	1					0					
13	総和(Σ)	-			-				-				

　ここで x は階級値，$\bar{x}$ は相加平均，f は度数を表す。この表で，たとえば A 社の社員の
給与月額平均を求めるには，給与月額（x）に人数の度数（f）をかけ，これを各給与月額
で計算したものを総和し，総人数（Σf）で除す。

$$\sigma = \sqrt{\frac{f_1(x_1-\bar{x})^2 + f_2(x_2-\bar{x})^2 + \cdots + f_n(x_n-\bar{x})^2}{f_1 + f_2 + \cdots + f_n}} = \sqrt{\frac{\sum\limits_{i=1}^{n} f_i(x_i-\bar{x})^2}{\sum\limits_{i=1}^{n} f_i}}$$

　図表 8-1 では，A 社と B 社の従業員数と平均給与は，まったく同一という特殊な場合を想定し
ている。このモデルでは，A 社，B 社それぞれの従業員給与の平均は同じ値となるが，偏差（平均
偏差，標準偏差）が異なる。データの分布が異なるからである。課題 2 で，このことを確かめる。

操作手順 2

(1)　A 社と B 社の 40 人の従業員の給与月額の分散，標準偏差を求める。

◆A 社と B 社の従業員数を計算する。

❶　C13 と H13 に［ホーム］タブの［編集］グループの ∑ オート SUM ∨ を利用して総和の計算
をする。A 社，B 社とも従業員総数は 40 人である。

◆A 社と B 社の平均給与額を計算する。

❶　D3 に「＝B3＊C3」，I3 に「＝B3＊H3」と計算式を入力する。

❷　D3 の計算式を D4：D12，I3 の計算式を I4：I12 にコピーする。

❸　D13 と I13 に［ホーム］タブの［編集］グループの ∑ オート SUM ∨ を使って給与総額を計
算する。計算結果は A 社，B 社とも，1970 万円となる。

❹　L3 に「＝D13/C13」を，M3 に「＝I13/H13」と計算式を入力して平均値を求めると，ど
ちらも 49.25 万円となる。

8-1　代表値（平均）と偏差　**99**

◆標準偏差を計算する。

❶ E3 に「＝B3－$L$3」と計算式を入力する。

❷ F3 に「＝E3＾2」と計算式を入力する。

❸ G3 に「＝C3＊F3」と計算式を入力する。

❹ J3 に「＝F3＊H3」と計算式を入力する（A 社の計算の際に求めた F 列の値を利用）。

❺ E3：G3 の計算式を E4：G4 から E12：G12 までコピーする。

❻ J3 の計算式を J4：J12 までコピーする。

❼ G13，J13 に G 列，J 列の総和を求める。

❽ L4 に「＝G13/C13」と計算式を入力し，A 社の分散を求める。

❾ L5 に「＝L4＾(1/2)」と計算式を入力し，分散の平方根を求め，A 社の従業員給与の標準偏差を計算する。

※＾は「累乗（べき乗）」に使われる。平方根は $\left(\dfrac{1}{2}\right)$ 乗なので上記のように表す。

❿ M4 に「＝J13/H13」と計算式を入力し，B 社の分散を求める。

⓫ M5 に「＝M4＾(1/2)」と計算式を入力し，分散の平方根を求め，B 社の従業員給与の標準偏差を計算する。

以上の計算から，A 社の分散は 556.9，標準偏差は 23.6，B 社の分散は 286.9，標準偏差は 16.9 となる。標準偏差は，その値が大きいほどデータの分布が広がっていることを示すので，モデルでは A 社，B 社の従業員の平均給与は同一であるが，分布の広がりの程度が異なることがわかる。

（2） グラフを作成する。

❶ A 社と B 社の度数（人数），つまり C3：C12 と H3：H12 を Ctrl を押しながら選択し，［挿入］タブ－［グラフ］グループ－［折れ線／面グラフの挿入］－［マーカー付き折れ線］を選択する。

❷ グラフ作成後，グラフエリアを選択し，［グラフのデザイン］タブ－［データの選択］をクリックし，凡例項目（系列）の［編集］をクリックし，系列名として「系列 1」は C2，「系列 2」は H2 をクリックして選択する。次に横（項目）軸ラベルの［編集］を選び，A 列の階級（A3：A12）を選択してグラフ範囲を設定する。

❸ グラフエリアを選択し，グラフエリアの右上の ✚（グラフ要素）をクリックし，「軸」「軸ラベル」「グラフタイトル」「目盛線」「凡例」にチェックを入れ，必要な事項を記入してグラフの体裁を整える。

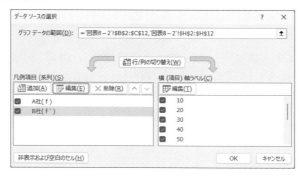

図表8-3　A社・B社の給与月額：度数分布

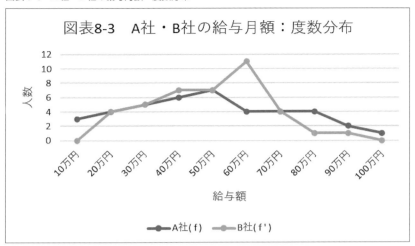

8-2　基本統計量と分析ツール

8-2-1　所得分布の測定

　データが大量にある場合，そのデータの集団を漫然とながめていても，そこにどのような特徴があるのか，また規則性があるのかを読み取ることはできない。データの特徴，規則性を認識するには，データの整理が必要である。第7講で学んだ度数分布表の作成は，そのための大事な作業である。また，データ全体の基本統計量をつかんでおくことも重要である。

　ここでは，Excelの分析ツールに組み込まれている「ヒストグラム」，そして「基本統計量」を使って，上記の指摘を確認する。分析ツールの「ヒストグラム」については，第7講に説明があるので，その復習であり，発展的応用でもある。また，分析ツールの「基本統計量」を使うと，これまでに学んだ，多数個あるデータの平均，標準偏差，分散，メジアン，モードをたちどころに求めることができる。その他，分布の形状をはかる統計量である尖度，歪度，範囲，最大値，最小値も一括して表示することができる。

　これらのうち，尖度は，Excelでは0の値を基準（正規分布）に，分布曲線が尖っているか，そうでないかを判断する指標である。歪度は，分布の歪みをはかるものである。正規分布の場合には，歪度は0である。右の裾の長い分布では，歪度は正の値をとる。左の裾の長い分布では，歪度の値は負となる。範囲は，最大値と最小値との差である。

課題 3

　図表 8-4 は，2 つの地域（A 地域，B 地域）それぞれ 100 世帯の年間所得である。このデータを使って，（1）両地域の度数分布表を作成しなさい。次いで，（2）分析ツールを使って，基本統計量を求めなさい。　　　　　　（ファイル名「8 講_課題」－「図表 8-4」シート）

　※データは実教出版の Web サイトからダウンロードしてください。ダウンロードしたワークシート上で，A 地域のデータは A 列と B 列に，B 地域のデータは C 列と D 列に並んでいます。

図表 8-4　A 地域，B 地域の所得調査結果
（一部省略）

	A	B	C	D
1	A地域の調査結果（単位：万円）		B地域の調査結果（単位：万円）	
2	番号	所得	番号	所得
3	1	784	1	457
4	2	829	2	548
5	3	298	3	589
6	4	1139	4	283
7	5	303	5	356
8	6	764	6	529
9	7	511	7	428
10	8	252	8	478
11	9	562	9	614
12	10	588	10	646
13	11	469	11	403
14	12	673	12	665
15	13	454	13	533
16	14	424	14	608
17	15	215	15	484
18	16	632	16	487
19	17	440	17	376
20	18	601	18	498

操作手順

（1）　度数分布表の作成

❶　［データ］タブ－［分析］グループで［データ分析］をクリックし，［データ分析］ダイアログボックスで "ヒストグラム" を選択し，［OK］をクリックする。

❷　［ヒストグラム］ダイアログボックスが表示されるので，［入力範囲］に B3：B102 を入力する。
　　［データ区間］はあらかじめ，ワークシート上の適当な箇所に，作成しておく。今回のデータでは，例えば 100 万円区切りで設定しておくのがよい。ここでは F3：F15 に区間を設定しているので，それを選択する。

❸　"ラベル" にはチェックを入れない。［出力オプション］で "新規ワークシート" を選択し，"グラフ作成" にチェックを入れ，［OK］をクリックすると，度数分布表とヒストグラムが出力される。

❹　同じ手順を D3：D102 で繰り返す。

第 8 講　賃金・貯蓄データを読む

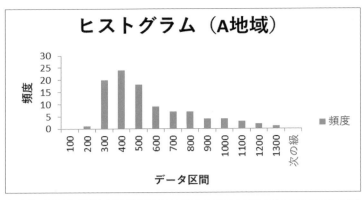

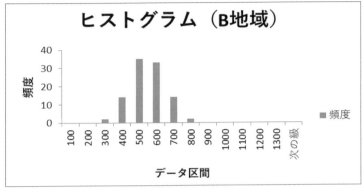

(2) 分析ツールの利用による基本統計量の確認

❶ ［データ］タブ－「分析」グループで［データ分析］をクリックし，［データ分析］ダイアログボックスで"基本統計量"を選択し，［OK］をクリックする。

❷ ［基本統計量］ダイアログボックスの［入力範囲］でB3：B102を指定し，［出力先］を任意に(たとえば"H5")指定する。"統計情報"にチェックを入れ，［OK］をクリックすると，基本統計量が出力される。

❸ 同じ手順をD3：D102で繰り返す。［出力先］を任意に(たとえば"K5")に指定する。

A 地域

列1	
平均	500
標準誤差	24.54332
中央値 （メジアン）	422.5
最頻値 （モード）	#N/A
標準偏差	245.4332
分散	60237.47
尖度	0.289595
歪度	1.046415
範囲	1004
最小	197
最大	1201
合計	50000
データの個数	100

B 地域

列1	
平均	500
標準誤差	10.05037
中央値 （メジアン）	499.5
最頻値 （モード）	#N/A
標準偏差	100.5037
分散	10100.99
尖度	-0.27834
歪度	-0.01878
範囲	487
最小	254
最大	741
合計	50000
データの個数	100

❹ 平均，標準偏差，メジアン，モード，分散，尖度，歪度，範囲，最大値，最小値などの基本統計量が一括して表示される。

なお，標準偏差の意味については，すでに説明したが，一つだけ注意しておきたいのは，既述の計算式（P.97）で求めた標準偏差の値と「分析ツール」で求めたそれとでは，若干，値が異なることである。その理由は，「分析ツール」の利用によって示された標準偏差は，標本から母集団の特性値を推定する方法にもとづく計算方法で求められているからである。ここでは，その指摘にとどめる。

尖度，歪度は，それぞれデータの分布の尖りの程度，歪みの程度を示す指標である。尖度は，Excelではその値が0である場合，分布の形状で正規分布の尖り度を示し，0より大きいと正規分布よりも尖った形状を，0より小さいと正規分布よりなだらかな形状を示す。歪度は正負の値をとり，正の場合は右に裾野が長い分布の形状を，負の場合は左に裾野の長い形状をとる（正規分布の場合は0）。

課題❸では，結果として，A地域の平均値（相加平均），メジアンは，それぞれ，500，422.5，B地域の平均値（相加平均），メジアンは，それぞれ，500，499.5となる。相加平均の値が両地域で同じになるが，メジアンは異なった値をとることが確認できる。

8-2-2 『国民生活基礎調査』による年間収入別世帯分布（2023年）

図表8-5は，『国民生活基礎調査』に示された2023年（令和5年）の年間収入別世帯分布である。これによると，平均所得金額は524万2千円であるが，メジアンは405万，モードは100万円から200万円の階級である。集団の代表値としては，計算によって求められる相加平均よりも，メジアンやモードで考えた方がよいことがある。

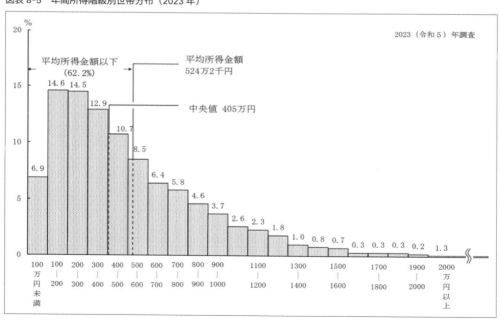

図表8-5 年間所得階級別世帯分布（2023年）

（出所）厚生労働省大臣官房統計情報部『グラフでみる世帯の状況』をもとに作成

演習問題

1. 課題❸（1）のヒストグラムを統計関数 FREQUENCY を使って作成しなさい。
2. Excel ワークシート上に，数学関数 RAND を使って，データを 1000 個作りなさい（一度発生したデータは隣の列に「値」をコピーする）。分析ツールの「基本統計量」で平均，分散，標準偏差などの基本統計量を求めなさい。
3. Excel ワークシート上に，数学関数 RAND を使って，データを 10 個作りなさい。そのうえで，分析ツールの「基本統計量」で平均，分散，標準偏差を求めなさい。次に，分析ツールを使わずに平均，分散，標準偏差の値を公式から計算し，分析ツールを用いた結果と一致することを確かめなさい。
4. **3** で作成した 10 個のデータの値をすべて 10 倍にしなさい。このとき，平均，分散，標準偏差の値がどのように変化するか（何倍になるか）を確かめなさい。

◉COLUMN　調和平均

平均には P.96 でとりあげた相乗平均のほかに，調和平均がある。

調和平均は，単位当たり量の平均の計算に利用される。一般式は下記のとおり。

$$\frac{1}{\dfrac{\dfrac{1}{x_1}+\dfrac{1}{x_2}+\cdots+\dfrac{1}{x_n}}{n}} = \frac{n}{\displaystyle\sum_{i=1}^{n}\dfrac{1}{x}}$$

例題をかかげよう。A 地点から B 地点までの距離を，車で，往路は時速 40 km，復路は 60 km で走った。このとき平均時速は何 km か？　往復の時速を足して 2 で割り，50 km とするのは間違いである。調和平均で求めなければならない。正解は 48 km である。

なお，調和平均は Excel の統計関数では，HARMEAN（数値 1，数値 2，...）である。

8-2　基本統計量と分析ツール　**105**

◉ COLUMN データの種類とグラフの作成方法

グラフ名	特性等	時系列	横断面	平均	散らばり	割合	相関
棒グラフ	棒の長短で数量の大小を比較する。	○	◎	○	○		
折れ線グラフ	時間経過に沿って数量の変化や傾向を示す。	◎					
円グラフ・帯グラフ	全体に対する各項目の構成比を示す際に使う。	○	○			◎	
ヒストグラム	量的な構成、値のばらつきなどを示す。値の分布をつかむときに使う。		○	◎	◎		
パレート図	全体に対する各項目の構成比の集中度合いを示す。		○		◎	○	
ローレンツ曲線	集中の度合いを示す。所得格差を見るときなどに使用される。		○		○		
箱ひげ図	値のばらつきを示す。複数のデータのばらつきをつかむときに使う。				◎		
レーダーチャート	いくつかの変量をまとめて比較する。全体の傾向をつかむときに使う。		◎				
絵グラフ	同形の絵を並べ、調査結果が伝わり易くなるようにしている。量の大小を比較するときに使う。						
散布図	2つの変量の相関関係を示す。	○	○		○		◎
バブルチャート	2つの変量の相関関係に加えて円の面積で3つ目の変量を表す。	○	○		○		◎
三角グラフ	3つの構成要素の比率を示す。		○				
統計地図	地図を模様や色（濃淡）で塗り分けたり、地図上にグラフを重ねたりすることで、地域別の数量などを示す。地域別の比較をするときに使う。		◎				

　データの種類や目的に応じて効果的なグラフの作成方法が変わる。時系列データの場合，折れ線グラフで増減率を示して分析することが多い。それに対して横断面は様々な手法に左右される。分析目的として，割合を示す場合は円グラフ，相関を見る場合は散布図というのもお決まりのパターンだ。本書で折れ線グラフが多く登場するのは経済データの場合に時系列データが多いという事情がある。グラフ作成はパターン化しているため，近年，グラフ作成を自動化する機能を盛り込むことが多い。Excel では「おすすめグラフ」，Google スプレッドシートでも自動でグラフを作成する機能が盛り込まれている。

　図表とデータを組み合わせて実証的に物事を説明するという初歩的な知識は，現在，中学の数学や統計検定4級でも学ぶことになっているため，世代間の差が大きく出やすいかもしれない。

第3編

利子と価格の変動を計る

第 9 講 金利計算のシミュレーション

9-1 金利計算の基本
9-2 現在価値と将来価値

第10講 価格変動を測定する

10-1 物価変動とその測定
10-2 物価指数
10-3 デフレーター

第11講 外国為替レート変化の影響をとらえる

11-1 外国為替
11-2 内外金利差と外国為替レートの変化

第 **9** 講 **金利計算のシミュレーション**

レクチャーポイント
❶単利・複利の区別
❷金利計算の仕組みの理解
❸借入利子の理解

スキルチェック
❶べき乗の利用
❷対数の利用
❸ROUNDUP 関数の利用

9-1 金利計算の基本

　金利や投資の仕組みを理解することは，現代に暮らす私たちにとって必要なことである。なぜなら個人でこれらの知識を持ち，自らの生活を守ってゆかなければならない時代がもうそこまで来ているからだ。そこで本講では，Excel を用いた演習を通じて金利計算の仕組みを学ぶ。

9-1-1 単利と複利の計算

　銀行などの金融機関にお金を預けると，時間の経過とともに利子が付く。利子は，得たお金を使わずにいたこと（経済学ではこれを待忍（waiting）という）に対する報酬である。

　当初預けた金額を元金といい，元金に対し利子が付く割合を利子率（利率）という。利子率は，一般的に 1 年経過すると何%の利子が付く，というように年利率で表わす。この利子の付き方には 2 種類ある。元金に対してのみ利子が付く方式を単利という。これに対し，前年までに付いた利子に対しても利子が付く方式が複利である。一般的には複利が用いられる。

　たとえば，100 万円を預金するとして，その利率が「単利」で 10% であるとする。1 年後には，利子は［100 万円×10%］で 10 万円となる。2 年目以降，毎年 10 万円ずつ増加して，預金残高は 110 万円，120 万円，130 万円と増加していく。これが複利で 10% となると，2 年目以降は，［110 万円×1.10］で 121 万円，［121×1.10］で 133.1 万円というように預金残高が増えていく。

　一般的に，元金 A 円，年利率 $100\,r$ % とすれば，n 年後の元利合計（元金と利子の合計）はそれぞれ次のようになる。

　＜単利の場合＞
　　　n 年後の元利合計　　$B = A + A \times r + \cdots + A \times r = A \times (1 + r \times n)$
　＜複利の場合＞
　　　n 年後の元利合計　　$B = A \times (1 + r) \times \cdots \times (1 + r) = A \times (1 + r)^n$

元金100万円，年利10%の単利計算の結果

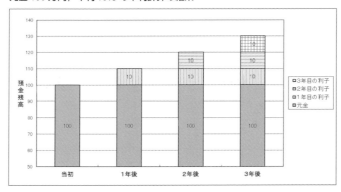

元金100万円，年利10%の複利計算の結果

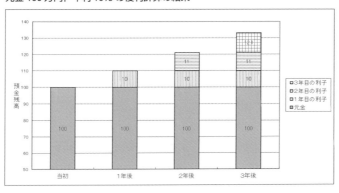

課題 1

図表9-1は一定の資金（例えば1,000万円）を銀行などの金融機関に預けた場合の一定年数後の元利合計を計算する表である。この表では，元金および金利の数値を当該セルに入力すると，1年後から20年後までの元利合計の値が，単利の場合，複利の場合でそれぞれ自動的に計算される。以下の指示にしたがって，表とグラフを作成し（20年後までの表），シミュレーションをしなさい。　　　　　（ファイル名「9講_課題」－「図表9-1」シート）

(1) 預金残高を単利3％，複利3％でそれぞれ計算しなさい。
(2) 計算結果を折れ線グラフで表示し，単利計算と複利計算の違いを確認しなさい。
(3) 元金，利率をいろいろに変えてシミュレーションを試みなさい。

図表9-1　金利計算（一部）

	A	B	C
1	図表9-1	金利計算	
2			
3	元金 =	10,000,000	
4	金利 =	3%	
5			
6	元利合計	単利	複利
7	1年後		
8	2年後		
9	3年後		
10	4年後		
11	5年後		
12	6年後		
13	7年後		
14	8年後		
15	9年後		
16	10年後		

9-1　金利計算の基本

操作手順

◆図表 9-1 の枠組みを作成する。
1. B3，B7：B26，C7：C26 には金額が入るので，それらを選択し，［ホーム］タブの［数値］グループで「桁区切りスタイル」を指定しておく。
2. B4 は，同じく「パーセントスタイル」を指定しておく。

◆単利の場合の元利合計式を入力する。
1. B7 に「＝B3＋$B$3＊$B$4」と計算式を入力する。
2. B8 に「＝B7＋$B$3＊$B$4」と計算式を入力する。
3. B8 の計算式を B9：B26 までコピーする。

◆複利の場合の元利合計式を入力する。
1. C7 に「＝B3＊（1＋$B$4）」と計算式を入力する。
2. C8 に「＝C7＊（1＋$B$4）」と計算式を入力する。
3. C8 の計算式を C9：C26 までコピーする。

◆グラフを作成する。
1. A6：C26 をドラッグして反転させる。
2. ［挿入］タブ－［グラフ］グループ－［折れ線/面グラフの挿入］で「2-D 折れ線」の"マーカー付き折れ線"を選択する。
3. 「グラフタイトル」，「軸ラベル－第1縦軸」を入力し，グラフの体裁を整える。これらのグラフ要素の追加は，グラフエリアを選択し，グラフエリア右上の ＋ （グラフ要素）から設定する。［グラフのデザイン］タブ－［グラフのレイアウト］グループ－［グラフ要素を追加］から設定することもできる。

図表 9-2　単利と複利

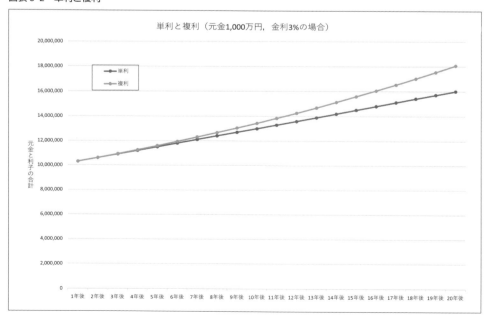

9-1-2　利率，期間の導出

　前項では，元金と利率が与えられたときの将来の元利合計がどうなるかについて学んだ。しかし，知りたいのは将来の元利合計ばかりとは限らない。将来の目標額が決まっていて，その金額にするために元金がいくら必要か，利率はどのくらいであるとよいか，年数(期間)はどれくらい必要かといったことを知りたい場合もある。そこで，次の課題では複利の原理に基づき，これらを導くシミュレーション表を作成する。

　元利合計の一般式は，次の通りである（A：元金，B：元利合計，r：利子率（利率），n：期間（年数）とする）。

$$\text{元利合計} = \text{元金} \times (1+\text{利率})^{(\text{年数})} \qquad B = A \times (1+r)^n \quad \cdots\cdots (1)$$

◆元金の導出

　3% 複利で預けて 5 年後に 100 万円にするには，当初いくら預ければよいかを知りたい。この場合は，(1) 式を次のように変形することで求められる。

$$\text{元金} = \frac{\text{将来の元利合計}}{(1+\text{利率})^{(\text{年数})}} \qquad A = \frac{B}{(1+r)^n}$$

上の例では，$\dfrac{100\,\text{万円}}{1.03^5} = 86.2609\,\text{万円}$ となる。

◆利率の導出

　当初 80 万円預けて 5 年後に 100 万円にするには，利率がどのくらいの預金に預けなければならないかを知りたい。この場合も，(1) 式の変形で求められる。はじめに上記の例について考えてみよう。（普通預金や定期預金など通常の預金の利率は 0.001% 刻みで表示されるので，答えは，%で小数第 3 位まで求める。）

$$80 \times (1+r)^5 = 100 \qquad (1+r)^5 = 100 \div 80 = 1.25$$
$$1+r = \sqrt[5]{1.25} = 1.25^{\frac{1}{5}} = 1.25^{(1 \div 5)} = 1.045639$$
$$r = 1.045639 - 1 = 0.045639$$

よって，4.564%（100 万円に達しないといけないので切り上げる）となる。

　一般式で示すと，次のようになる。

$$A \times (1+r)^n = B \qquad (1+r)^n = \frac{B}{A} \qquad 1+r = \sqrt[n]{\frac{B}{A}} = \left(\frac{B}{A}\right)^{\frac{1}{n}}$$

すなわち，$r = \left(\dfrac{B}{A}\right)^{\frac{1}{n}} - 1 \qquad \text{利率} = \left(\dfrac{\text{将来の元利合計}}{\text{元金}}\right)^{\left(\frac{1}{\text{年数}}\right)} - 1$

Excel の計算式では，累乗(べき乗)を ^ という記号で表し，次のようになる。

$$r = (B/A)\hat{}(1/n) - 1$$

◆期間の導出

　80 万円を年利率 3% 複利で預けて 100 万円にするには何年かかるかを知りたい。この場合も，(1) 式の変形で求められる。この変形には対数の計算が必要である。以下で簡単に見ておこう。

　求めるべきは次の n である。

$$80 \times 1.03^n = 100 \qquad 1.03^n = 1.25$$

両辺の常用対数をとる。

$$\log 1.03^n = \log 1.25$$

$$n \log 1.03 = \log 1.25 \qquad n = \frac{\log 1.25}{\log 1.03} = 7.549$$

100万円に達しないといけないので切り上げて，8年ということになる。

一般式で示すと，次のようになる。

$$A \times (1+r)^n = B \qquad (1+r)^n = B \div A$$

$$\log(1+r)^n = \log(B \div A) \qquad n \log(1+r) = \log(B \div A)$$

すなわち，

$$n = \frac{\log(B \div A)}{\log(1+r)} = \log(B/A)/\log(1+r) \qquad 年数 = \frac{\log(将来元利合計 \div 元金)}{\log(1+利率)}$$

課題 2

図表9-3は，他の3つの変数が与えられたとき，元金，年利率，年数がそれぞれどのようになるかを自動的に計算するシミュレーションシート（シミュレーション表）である。この表を完成させなさい。

ただし，年利率は％表示で小数第3位まで，元金，元利合計は円（整数）の単位，年数は年（整数）の単位で表す。　　　　　　　　　（ファイル名「9講_課題」ー「図表9-3」シート）

図表9-3　元金，利率，年数シミュレーション表

	A	B	C	D	E	F	G	H
1	図表9-3　元金、利率、年数シミュレーション表							
2								
3	(1)元金を求める表			(2)年利率を求める表			(3)年数（期間）を求める表	
4	所与			所与			所与	
5	年利率＝	3.000%		元金＝	8,000,000		元金＝	8,000,000
6	年数＝	10		年数＝	10		年利率＝	2.500%
7	将来元利合計＝	1,000,000		将来元利合計＝	10,000,000		将来元利合計＝	10,000,000
8								
9	結果			結果			結果	
10	元金＝			年利率＝			年数＝	

※　年利率の桁数

普通預金や定期預金の利率は0.001％刻みとなっており，この表でも％表示で小数第3位までとしている。債権の最終利回り（償還時まで保持した場合の年利率）なども0.001％刻みで表示している。

操作手順

◆表の枠組みを作成する。

❶　「年利率＝」，「年数＝」，「元金＝」，「将来元利合計＝」など文字表示するセルについては右詰めの表示とする。

❷　セル幅については適宜調整する。

◆数値が入るセルの表示形式を変更する。

❶ 年利率の数値を入れるセルを％で小数第3位までの表示とする。

B5，E10，H6を選択し（Ctrl を使用），［ホーム］タブ－［配置］グループ－（ダイアログボックス起動ツール）－［セルの書式設定］ダイアログボックスの［表示形式］タブ－［分類：パーセンテージ］の［小数点以下の桁数］に「3」と入力する。［数値］グループの［小数点以下の表示桁数を増やす（減らす）］を使用するとより効率的である。

❷ 元金，将来元利合計の数値を入れるセルを整数表示および桁区切りを使用する書式にする。

B7，B10，E5，E7，H5，H7を選択し（Ctrl を使用），［ホーム］タブ－［配置］グループ－（ダイアログボックス起動ツール）－［セルの書式設定］ダイアログボックスの［表示形式］タブ－［分類：数値］の［小数点以下の桁数］に「0」と入力し，［桁区切り（,）を使用する］にチェックを入れる。

❸ 年数の数値を入れるセルを整数表示にする。

B6，E6，H10を選択し（Ctrl を使用），❷と同様に［小数点以下の桁数］に「0」と入力する。

◆元金の結果を表示する。

❶ B10に「＝B7/(1＋B5)^B6」と入力する。

❷ B10に結果が整数で表示されるが，ここで注意が必要である。この結果は小数第1位を四捨五入したものである。四捨五入でよいであろうか。五入で結果をプラスした場合はよいが，四捨の部分を切り捨てた元金であると，目標の元利合計にわずかながら届かないことがある。そこで，この結果は小数第1位を切り上げにしておくと確実である。

❸ 切り上げ表示はROUNDUP関数で求められる。書式は「ROUNDUP（数値，桁数）」となり，カッコ内の［数値］は，結果を切り上げる数値，セルまたは計算式であり，［桁数］は小数桁数である。整数表示にする場合は，0を指定する。

❹ B10をクリックし，数式バー上で「＝ROUNDUP(B7/(1＋B5)^B6，0)」と訂正する。図表9-3の例では，B10は744,094と表示される。

◆年利率の結果を表示する。

❶ E10に「＝(E7/E5)^(1/E6)－1」と入力する。

❷ E10に結果が％で小数第3位まで表示されるが，これも小数第4位を四捨五入した結果である。元金の場合と同様に，四捨の場合は将来元利合計に達しないことがある。そこで，これも切り上げで小数第3位までの表示とする。

❸ E10をクリックし，数式バー上で「＝ROUNDUP((E7/E5)^(1/E6)－1，5)」と訂正する。図表9-3の例では，E10は2.257％と表示される。ROUNDUP関数の桁数を5としたのは，％で小数第3位ということは，通常の小数では第5位であるためである。

◆年数の結果を表示する。

❶ H10に「＝LOG(H7/H5)/LOG(1＋H6)」と入力する。

❷ H10に結果が整数で表示されるが，これも小数第1位を四捨五入した結果である。しかし，四捨では明らかに将来元利合計に達しない。そこで，これも切上げとする。

❸ H10をクリックし，数式バー上で「＝ROUNDUP(LOG(H7/H5)/LOG(1＋H6)，0)」と訂正する。図表9-3の例では，H10は10と表示される。

9-1 金利計算の基本 **113**

9－2 現在価値と将来価値

9-2-1 定期積立金の将来価値

　前節では金利計算の基本について学んだ。この節では，現在価値と将来価値について考えてみよう。はじめに定期積立金の将来価値について学ぶことにする。例えば毎年一定額を積み立て続け，20年経つと総額はいくらになるだろうか。このような定期積立の例としては，子供が生まれてから成人になるまで積み立てて，将来の活動に役立てるといった目的のものが多い（成人年齢は18歳に引き下げられたが，現状では引き続き20年定期積立も多い。また，以前から大学入学時の資金として役立てるための18年定期積立も多くある）。

　このシミュレーションでは注意すべきことが2つある。1つ目は，毎期の積立金に複利での利息が付くということである。毎年同じ額を積み立てても，1年目，2年目，3年目というように積み立てた時期によって20年後までの年数が異なってくる。ということは，それに応じて利息の付き方も異なってくるということである。2つ目は，年の初めに積み立てるか，年の終わりに積み立てるかによって，20年後までの年数が異なってくるということである。

　　1年目の積立金100万円の20年後の価値（金利3%）は，

　　　年初積立　　　$1,000,000 \times 1.03^{20} = 1,806,111$

　　　年末積立　　　$1,000,000 \times 1.03^{19} = 1,753,506$　　　である。

　　2年目の積立金100万円の20年後の価値（金利3%）は，

　　　年初積立　　　$1,000,000 \times 1.03^{19} = 1,753,506$

　　　年末積立　　　$1,000,000 \times 1.03^{18} = 1,702,433$　　　である。

　　3年目以降も同様である。

課題 3

　図表9-4は，一定額の積立金を20年間続けたときの元利合計を計算するシミュレーションシートである。定期積立金の額と金利の利率を，該当するセルに入れることによって各期の積立金の20年後の額とそれらの合計が計算できる。この表では，年初積立の場合と年末積立の場合の両方が計算できる。　　　（ファイル名「9講_課題」－「図表9-4」シート）

(1)　図表9-4のシミュレーションシートを作成し，定期積立金100万円，金利3%の場合の20年後の元利合計を年初積立の場合と年末積立の場合に分けてそれぞれ求めなさい。

(2)　(1)について，各年の年初積立の結果と年末積立の結果を折れ線グラフにして比べなさい。

図表9-4　定期積立金

	A	B	C	D
1	**図表9-4　定期積立金**			
2				
3		定期積立金＝	1,000,000	
4		金利＝	3%	
5	20年後の元利合計＝			
6				
7		金利計算	年初積立	年末積立
8	1	1年目		
9	2	2年目		
10	3	3年目		
11	4	4年目		
12	5	5年目		
13	6	6年目		
14	7	7年目		
15	8	8年目		
16	9	9年目		
17	10	10年目		
18	11	11年目		
19	12	12年目		
20	13	13年目		
21	14	14年目		
22	15	15年目		
23	16	16年目		
24	17	17年目		
25	18	18年目		
26	19	19年目		
27	20	20年目		
28	20年後の元利合計			

操作手順

◆表の枠組みの作成

❶　C3，C5，D5，C8：C28，D8：D28 には金額が入るので，それらを選択し，［ホーム］タブ－［数値］グループで「桁区切りスタイル」を指定しておく。

❷　C4 は，同じく「パーセントスタイル」を指定しておく。

❸　A 列には 1 から 20 の数値を入れておき，1 年目のはじめから何年経過しているかがわかるようにする。これは元利合計計算のときに使う。

◆1 年目の積立金の 20 年後の元利合計値の計算

❶　1 年目の年初積立の 20 年後の元利合計値には 20 年分の利息が付くのに対して，1 年目の年末積立の 20 年後の元利合計値では 19 年分の利息となる。

❷　そこで，C8 に「＝C3＊(1＋C4)^(21－A8)」と入力する。また，D8 には，「＝C3＊(1＋C4)^(20－A8)」と入力する。

◆式をコピーするための絶対参照

❶　C8，D8 の式をコピーして C9：D27 までの値を求めるため，必要なところについて，絶対参照指定をする。すなわち，C8 は「＝$C$3＊(1＋$C$4)^(21－A8)」に訂正する。また，D8 は，「＝$C$3＊(1＋$C$4)^(20－A8)」に訂正する。

❷　C8 を C9：C27 に，D8 を D9：D27 にコピーする。

9-2　現在価値と将来価値　**115**

❸ C28 に C8：C27 の合計を入れ，それを C5 に表示する。D28 と D5 についても同様にする。

◆各年の積立金の 20 年後の元利合計値の推移グラフ

❶ C7：D27 をドラックして反転させる。

❷ ［挿入］タブ－［グラフ］グループの［折れ線/面グラフの挿入］で「2-D 折れ線」の"マーカー付き折れ線"を選択する。

❸ 「グラフタイトル」，「軸ラベル－第 1 縦軸」を入力し，グラフの体裁を整える。これらのグラフ要素の追加は，グラフエリアを選択し，グラフエリア右上の ＋ （グラフ要素）から設定する。［グラフのデザイン］タブ－［グラフのレイアウト］グループ－［グラフ要素を追加］から設定することもできる。

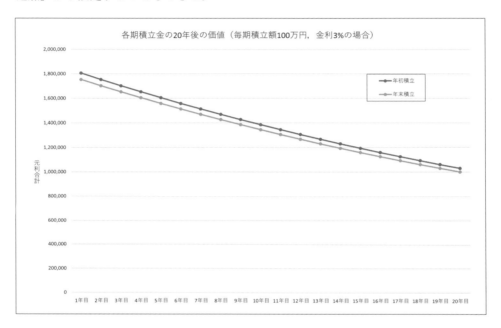

9-2-2 借入金の返済

次に借入額の返済について学ぼう。家を買った場合の住宅ローンなどがこれに当たる。借入額に一定の利子を付けて返済することになる。その際の利子の額を計算する際に用いられるのが，**借入金利**である。（貸す側からすれば**貸出金利**ということになる。）

この金利については，金融情勢に基づいて変動することがあることをあらかじめ定めた**変動金利**と，返済が終わるまで利率が変わらない**固定金利**がある。本講では，理解しやすい固定金利を例に考える。固定金利の場合，返済期間中の各年の返済利子額は，その年の始めの借入残高に借入金利を掛けた額となる。たとえば，100 万円の借入残高があり借入金利が 3％ であれば，その年の返済利子は 3 万円となる。

返済利子＝借入残高×借入金利

こうして各期の返済額は，各期の返済元金に各期の返済利子を合わせた額となるが，各期の元金返済額の決め方についても 2 通りの方法がある。借入総額を毎期均等に返していく**元金均等返済法**と，毎期の元金返済額と返済利子の合計が毎期等しくなるように返済していく**元利均等返済法**の 2つである。本講では元金均等返済法を取り上げる。

課題 4

　図表9-5は，借入金返済のシミュレーションシートである。

（ファイル名「9講_課題」－「図表9-5」シート）

(1)　2000万円を年利3%で借り，元金均等返済法で10年間で返済する住宅ローンを組んだ。毎年の返済金と利子はどのようになるか。図表9-5を作成して調べなさい。

　　＊このシートは，借入金，金利が変われば，自動的に再計算される。

　　＊10年で返済を終えるということであるから，10年後の借入残高は0円になる。

(2)　金利が変わると，毎年支払う返済利子はどのように変化するだろうか。金利3%の時の返済利子の金額をシート上のほかの箇所に値コピーし，次いで金利5%の時の返済利子を求め，両者を比較するグラフを作成しなさい。

図表9-5　返済金シミュレーションシート（元金均等返済）

	A	B	C	D	E
1	図表9-5　返済金シミュレーションシート（元金均等返済）				
2					
3	借入金＝	20,000,000			
4	金利＝	3%			
5	返済年数＝	10			
6					
7	年数	年初借入残高	返済利子	返済元金	年末借入残高
8	1年後				
9	2年後				
10	3年後				
11	4年後				
12	5年後				
13	6年後				
14	7年後				
15	8年後				
16	9年後				
17	10年後				

操作手順

◆表の枠組みの作成

❶　B3，B8：E17は，［ホーム］タブ－［数値］グループで「桁区切りスタイル」を指定しておく。

❷　B4は，同じく「パーセントスタイル」を指定しておく。B5は整数である。

◆返済元金，年初借入残高の計算

❶　年初借入残高を入力する。B8に「＝B3」，B9に「＝E8」と入力する。E8は前年末の借入残高である。そして，B9をB10：B17にコピーする（この段階ではこれらのセルが0円になっているが，気にしなくて大丈夫である）。

❷　返済元金は，元金均等返済法であるので，借入金を返済年数で割った額となる。そこで，D8に「＝$B$3/$B$5」と入力する。式のコピーをするため，絶対参照指定をしておく。

❸　D8をD9：D17にコピーする。

9-2　現在価値と将来価値　　**117**

◆返済利子，年末借入残高の計算

❶ 返済利子＝借入残高×借入金利であるから，C8 は「＝B8＊$B$4」である。

❷ C8 を C9：C17 にコピーする。

❸ 年末借入残高は，年初借入残高マイナス返済元金であるから，E8 に「＝B8-D8」と入力し，E8 を E9：E17 へコピーする。E17 は 0 円になる。

◆金利の違いによる借入利息の差

❶ A3：E17 を F3：J17 にまでコピーし同様の表を作る。ただし，この表では金利に 5％ を入力しておく。H 列は絶対参照の設定があるため，H8 の式を「＝G8＊$B$4」から「＝G8＊$G$4」に訂正し，H9：H17 までコピーする。

❷ そうすると，C8：C17 に借入金利 3％ の場合の返済利子，H8～H17 には借入金利 5％ の場合の返済利子の系列が得られる。

❸ A8：A17，C8：C17，H8：H17 を選択して［挿入］タブ－［グラフ］グループ－［縦棒／横棒グラフの挿入］－［集合縦棒］をクリックして以下のようなグラフを作成する。この両者を比較すると，その差がかなり大きいことがわかる。特に，返済初期における差が大きい。

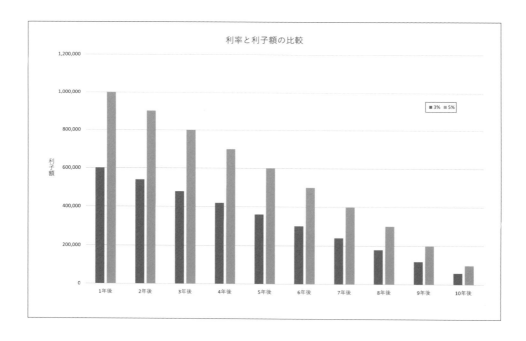

演習問題

1. 図表9-1で，元金2,000万円，利率2%（単利，複利）の場合，預金残高は毎年どのように増えていくかをシミュレーションし，グラフで図示しなさい。

2. 図表9-4で，年初積立において，定期積立額1,000万円，金利2%と5%で，20年後の元利合計がどのくらい違うか調べなさい。

3. 2,000万円を年利3%で借り，元金均等返済法（年1回返済）で35年間で返済する住宅ローンを組んだ。毎年の返済金と利子はどのようになるか。図表9-5を参考に，シミュレーションシートを作成して調べなさい。また，課題❹(1)の場合（2,000万円を年利3%で借り10年間で返済する住宅ローン）の返済利子と比較するグラフを作成しなさい。

4. 年利が1.7%で5,000万円の借入投資資金を，30年間で，元金均等法（年1回返済）で返済する際の，毎年返済金（元金返済分プラス利息分）をグラフで示しなさい。これに，金利が1%上昇し2.7%となった場合はどうなるか，比較グラフを作りなさい。

◉COLUMN　対数

　本講の利率の導出（P.111）などでは相乗平均を使うが，手計算するには対数計算が必要になる。この対数とは，「累乗（べき乗）」を別様に表現したものである。

　たとえば，$100 = 10^2$ は対数では，$\log_{10} 100 = 2$ と表記する。100は10を底（てい）とする対数をとれば，2となるというのが，その意味である。

　一般式では，

$$x = a^p$$

$$p = \log_a x$$

ここで，aは正の実数で$a \neq 1$である任意の正の実数xに対し実数pがただ一つに定まる。pは，aを底とするxの対数と定義される。xは真数である。

　真数の積は，対数の和に変換できる。逆に（底が同じ）対数の和は，真数の積に変換できる。

$$\log_a (xy) = \log_a x + \log_a y$$

　真数が分数である場合は，対数の差に変換できる。

$$\log_a \frac{x}{y} = \log_a x - \log_a y$$

　真数の指数は，対数の定数倍に変換できる。

$$\log_a x^p = p \log_a x$$

　真数の逆数は，対数の符号を反転させればよい。

$$\log_a \frac{1}{x} = \log_a x^{-1} = -\log_a x$$

　なお，aが10の場合，常用対数といい，$\log_{10} X$を簡単に$\log X$と表わす。

第10講 価格変動を測定する

レクチャーポイント

❶個別指数，総合指数算式（ラスパイレス式・パーシェ式）の理解
❷消費者物価指数の意義と限界の認識
❸デフレーターの理解

スキルチェック

❶散布図の作成

10−1 　物価変動とその測定

　私たちが生きている経済社会は，市場（マーケット）での商品（生産物）の売買を通して成り立っている。生活に必要な品物は，デパート，スーパー，コンビニエンスストア，近隣の店などから購入される。購入は，これらの品物の価格で行われる。自家用車のガソリン代，家賃，これらにも価格が付いている。家庭で使用する電気，水に対しても，その使用料は定められた料金で支払われる。

　企業は経済活動を行っているが，たとえば製造業の分野の企業であれば，その生産のために生産設備，原材料を購入しなければならない。生産設備，原材料にももちろん価格がある。

　価格はさまざまな要因によって複合的に決まる。個々の生産物の価格の変動に関しては，ある程度，その原因を把握することができる。たとえば，ある時期にサンマの漁獲高が落ち込むとその価格は上昇するが，豊漁だとその価格が下がる。個別的な生産物のこのような価格変動については，その原因を追跡することができ，価格上昇の程度も数量的に計測できる。しかし，全般的な物価水準となると，その計測は簡単ではない。それというのも，ある複数の生産物はたとえば5年前と比較して価格が上昇しているが，別の複数の生産物の価格は下がっているような場合，全体的な価格水準の計測は難しくなる。しかも，生産物の数は無数にあるので，全体的な物価水準の変化を計測しようなどということは，不可能のように思える。価格水準の計測は難しい課題であるが，現在ではいろいろな計算上の工夫をこらして，その測定が行われている。

　一般に，経済学では個別生産物の価格と数量が分けられることを前提に議論するのであるが，現実に存在する経済統計の捕捉技術をもってしても必ずしも価格と数量を分けられないケースもある。また，社会に存在する無数の生産物のうち，計測可能なものは生産物全体のごく一部に過ぎず，多くは必ずしも計測できないため，統計で生産物全体をカバーしていくことに限界がある。

　物価に関する統計の多くは，日本銀行から公表されているが，最も知られている消費者物価指数（Consumer Price Index, CPI）は総務省統計局から公表されている。「企業物価指数」「企業向けサービス価格指数」など，企業活動に関連した生産物とサービスの価格指数は，日本銀行で作成されている。今日では公的統計に加え，民間企業でコンビニエンスストアのPOSデータから日次物価指数が開発されるなど，物価関連の指標が新たに出てきているが，依然として物価水準を正確に計測することは難しい課題となっている。

> **課題 1**
>
> (1) 総務省統計局の Web サイトから消費者物価指数のデータ（2020 年基準［令和 2 年］）をダウンロードし，「総合指数」といくつかの「個別指数」（生鮮食品，通信，教育など）の時系列データの折れ線グラフを作成し，それらの推移を確認しなさい（1970 年〜2023 年）。
>
> (2) 日本銀行の Web サイトから，企業物価指数（2020 年基準）のデータをダウンロードし，折れ線グラフでそれらの推移を確認しなさい。

操作手順 ↓

(1) 消費者物価指数の推移

◆データの入手 ....

❶ 総務省統計局トップページ（https://www.stat.go.jp）→【消費者物価指数（CPI）】→【時系列データ】→【2020 年基準消費者物価指数】の【長期時系列データ】の【年平均】→【中分類指数（1970 年〜最新年)】

❷ CSV 形式のデータをダウンロードし，ファイルを開くと，データが Excel シートに表示される。

図表 10-1　消費者物価指数（中分類）［一部省略］

	A	B	C	D	E	F	G	H	I	J	K	L	M
1	類・品目	総合	生鮮食品を	持家の帰属	持家の帰属	生鮮食品及	食料（酒類	食料		生鮮食品	生鮮食品を	穀類	魚介類	生鮮魚介
2	Group/Iten	All items	All items,	All items,	All items,	All items,	All items,	Food		Fresh food	Food, less	Cereals	Fish & sea	Fresh fish
3	類・品目系	1	161	163	166	178	168	2		157	172	3	8	158
4	含類総連番	1	733	735	738	740	741	2		729	734	3	21	730
5	ウエイト（	3.19E+09	3.06E+09	2.69E+09	2.56E+09	2.84E+09	2.16E+09	8.38E+08		1.26E+08	7.11E+08	68149976	63474625	35700683
6	ウエイト 1	10000	9604	8420	8024	8892	6781	2626		396	2230	214	199	112
7	1970	30.9	31.2	31.3	31.6	31	31.6	28.7		24.9	29.7	33.5	20.6	22.2
8	1971	32.9	33.3	33.1	33.6	33.1	33.8	30.5		25.7	31.7	34.4	23.7	26.4
9	1972	34.5	35.1	34.6	35.3	35	35.6	31.6		25.7	33.2	35.7	24.8	27.3
10	1973	38.6	39.1	38.7	39.3	39	39.6	35.7		29.6	37.4	38.8	28.2	30.7
11	1974	47.5	47.9	48.1	48.7	47.6	47.2	45.6		38.7	47.4	48	37.1	40.2
12	1975	53.1	53.6	53.8	54.6	53.3	52.2	51.6		42.4	54	58	41.8	45.7
13	1976	58.1	58.4	58.9	59.4	58.1	57.4	56.2		48.6	58.2	64.9	46.5	53.1
14	1977	62.8	63.1	63.6	64.1	62.8	62.4	60		53	61.7	70.5	55.2	62.7
15	1978	65.5	65.9	66	66.7	65.9	65.8	62.1		54	64.2	74.2	59.4	64
16	1979	67.9	68.3	68.3	69	68.2	68.7	63.4		56.4	65.1	75.3	61.7	66.8

◆推移グラフの作成 ....

❶ 課題にとって不要な 2〜6 行目を削除する。

❷ 「総合」「生鮮食品」「通信」「教育」の該当箇所を範囲指定する。

❸ ［挿入］タブ−［グラフ］グループ−［折れ線／面グラフの挿入］をクリックし，［2-D 折れ線］の"マーカー付き折れ線"を選ぶ。

❹ グラフの編集を容易にするために，［場所］グループ−［場所の移動］を選ぶ。［グラフの移動］ダイアログボックスが表示されるので，［新しいシート］にチェックを入れ，シート名を「図表 10-2」として［OK］をクリックする。

10-1　物価変動とその測定　**121**

❺ ［グラフのデザイン］タブ－［データの選択］－［横（項目）軸ラベル］にA2：A50の暦年データを指定する。
❻ ［グラフのデザイン］タブ－［色の変更］－［モノクロ パレット3］を選択する。
グラフのタイトルなどは入っていないが，以下のようなグラフが表示される。

図表10-2　消費者物価指数推移（「総合」「生鮮食品」「通信」「教育」）

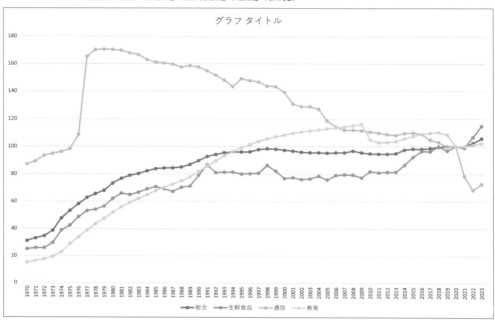

上記グラフで，「総合指数」と「生鮮食品」は，かなり類似した推移の傾向を示している。1973年から70年代後半にかけては，石油危機にともなう物価上昇が顕著であった。

「通信」は，1977年頃から今日まで一貫して下がる推移を経ている。「通信」がこのような推移を示した原因としては，1977年の電話料金の大幅な値上げの影響，NTTの民営化，1995年以降の移動体通信市場，インターネット市場の拡大，通信各社による競争の激化などが考えられる。

(2)　企業物価指数の推移

◆データの入手

❶ 日本銀行トップページ（https://www.boj.or.jp）→【統計】→【時系列統計データ検索サイト】→【物価】
※基本設定で，「期間」「変換後期種（暦年，年度，暦年半期，年度半期，四半期，月次）」「期種変換方法（合計，平均，期末，最高，最低，期初）」を，自由に設定することができる。
❷ 次ページの図表10-3のようにグラフが表示されるので，表示されたグラフ上をクリックして，「画像をコピー」を選び，課題ファイルの新しいシートに貼り付ける。シート名は「図表10-3」とする。

図表 10-3　企業物価指数推移

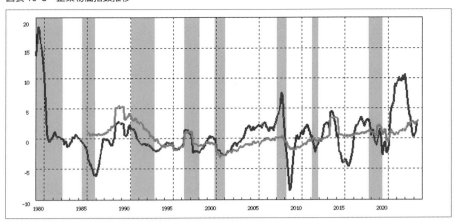

◆各統計データの一括ダウンロード

　時系列データのダウンロードは，時系列統計データ検索サイトから実行する。物価，資金循環，短観，国際収支統計，BIS 関連統計のデータは【物価，資金循環，短観，国際収支，BIS 関連統計データの一括ダウンロード】の機能を利用すると，一括してダウンロードできるため，大変便利である（個別にダウンロードする場合，【時系列統計データ検索サイト】→【統計データ検索】→【物価】→【企業物価指数〔PR01〕】を選ぶ）。

　企業物価指数のデータをダウンロードし，ファイルを開いて利用する。個別の分野ごとに選択してデータをダウンロードすることもできる。操作でわからないことがあれば，サイト右上の「検索・グラフ機能の使い方」に利用方法のマニュアルが提供されている。

10-1　物価変動とその測定　　**123**

10-2 物価指数

10-2-1 指　数

　統計は調査によって得られた，あるいは記録された生のデータが基本である。このデータの信頼性，正確性は，十分に保証されていなければならない。しかし，生のデータでは，その全体的特徴を直接的に実感しにくい。特にデータを相互比較する際には，そのようなケースがしばしば生じる。そこで指数が使われる。

　指数は，統計の実数値だけでは実感を持ちにくいときに，分析や相互比較が可能なように，ある基準を設定し，その基準に照らして実際の生のデータを加工した統計指標である。

　指数は広義には，経済社会現象のある特徴を要約的に表現した指標という意味で使われる。この広義で使われる指数は，ある基準（ものさし）を設け，この基準を目安として経済社会現象を反映した数値の測定が行われる。景気動向指数などがその代表である。

　また狭義には，同種の統計値のうちのあるものを，基準となる統計値（通常これを 100 とおく）とし，それとの対比でほかの統計値が相対値として求められるものを指数という。この意味での指数は，同種の統計値の時間的変化，場所的相違を比較する目的で使われる。消費者物価指数はその代表である。

　指数は，比率の変種である。経済統計指標の多くは，指数の形式で作成されている。

　以下では，消費者物価指数を取り上げて，それを Excel で計算する場合の手ほどきを示す。

10-2-2 消費者物価指数

　消費者物価指数（Consumer Price Index）は，消費者が購入する財とサービスの価格変動を，指数で表現したものである。比較時点の価格水準は基準時点の価格水準を基準として測定される。実際の消費者物価指数は，以下に述べるようなラスパイレス式，パーシェ式などといった方法で計算されるが，使用されるデータは「家計調査」と「価格調査」から得られる。指数の計算に採用される財とサービスの品目数は約 600 で，「家計調査」で，それらの消費支出額が消費支出合計の 1 万分の 1 以上を占めるものである。採用品目は 5 年に 1 度見直しがなされる。基準時点も 5 年ごとに改訂される。品目の銘柄指定がなされると，調査員は価格を店頭で調査する。

　経済統計指標に活用される指数は，統計値の単位が価格である場合には価格指数，単位が数量である場合には数量指数と呼ばれる。また指数は，個別の統計を扱う場合は**個別指数**，複数の個別指数を一括して取り扱う場合は**総合指数**となる。消費者物価指数は物価統計の総合指数，つまり総合物価指数の一種である。

　比較の基準の取り方は，固定基準方式と連鎖方式の 2 通りある。固定基準方式は，基準時点をデータの全系列のいずれかの時点で設定するもので，連鎖方式は比較時点のデータをつねに前期時点のデータを基準に測定し，そうした手続きで作成された指数を掛け合わせていく方法である。

　個別指数は単一の統計値の変動ないし相違を求める相対値であり，次式のとおりである。

$$個別指数 = \frac{比較時の値}{基準時の値} \times 100$$

　これに対し総合指数は，複数の統計値の変動ないし相違を，それぞれの統計値のウエイトを計算に入れて相対化したものである。総合指数の計算には一定の算式が使われ，代表的なものとしてラスパイレス式，パーシェ式がある。両方式の相違は，財とサービスのウエイトを基準時点のそれに合わせるか（ラスパイレス式），比較時点のそれに合わせるか（パーシェ式）による。一般的には，ラスパイレス式が使われる。基準時点のウエイトについての情報を得る方が，比較時点のそれを入手するよりも容易であるという，便宜的な理由からである。

＜ラスパイレス式＞

$$\frac{p_{1t}q_{10} + p_{2t}q_{20} + \cdots + p_{nt}q_{n0}}{p_{10}q_{10} + p_{20}q_{20} + \cdots + p_{n0}q_{n0}} \times 100 = \frac{\sum_{i=1}^{n} p_{it}q_{i0}}{\sum_{i=1}^{n} p_{i0}q_{i0}} \times 100$$

＜パーシェ式＞

$$\frac{p_{1t}q_{1t} + p_{2t}q_{2t} + \cdots + p_{nt}q_{nt}}{p_{10}q_{1t} + p_{20}q_{2t} + \cdots + p_{n0}q_{nt}} \times 100 = \frac{\sum_{i=1}^{n} p_{it}q_{it}}{\sum_{i=1}^{n} p_{i0}q_{it}} \times 100$$

＜フィッシャー式＞

$$\sqrt{ラスパイレス式 \times パーシェ式} \times 100 = \sqrt{\frac{\sum_{i=1}^{n} p_{it}q_{i0}}{\sum_{i=1}^{n} p_{i0}q_{i0}} \times \frac{\sum_{i=1}^{n} p_{it}q_{it}}{\sum_{i=1}^{n} p_{i0}q_{it}}} \times 100$$

　ここで p は価格，q は購入数量（ウエイト），添字の i は商品番号，t は比較時点，0 は基準時点を示す。個別指数，総合指数（ラスパイレス式，パーシェ式）を次のモデルで例解してみよう。

　モデルは，商品 A，B，C の基準時と比較時の価格と購入数量を示している。まず，商品 A，B，C の基準時の価格を 100 とした比較時の個別指数を計算する。ついで，3 品目の個別物価指数と，ラスパイレス式，パーシェ式で求めた総合物価指数を計算する。フィッシャー式の結果もこの分野で非常によく利用されるもので知られるため，図表 10-4 に基づいて参考までに計算結果を示す。

図表 10-4　消費者物価指数計算用モデル

	基準時		比較時	
	価格（p_0）	購入数量（q_0）	価格（p_1）	購入数量（q_1）
商品 A	1,000	20	1,800	15
商品 B	300	5	350	4
商品 C	70	10	50	12

＜個別指数＞

商品 A　　1800（P_1）÷1000（P_0）×100＝180

商品 B　　　350（P_1）÷　300（P_0）×100＝116.7

商品 C　　　50（P_1）÷　70（P_0）×100＝　71.4

＜総合指数＞

ラスパイレス式：$\dfrac{1800 \times 20 + 350 \times 5 + 50 \times 10}{1000 \times 20 + 300 \times 5 + 70 \times 10} \times 100 \fallingdotseq 172.3$

パーシェ式　：$\dfrac{1800 \times 15 + 350 \times 4 + 50 \times 12}{1000 \times 15 + 300 \times 4 + 70 \times 12} \times 100 \fallingdotseq 170.2$

フィッシャー式（参考）：$= (172.3 \times 170.2)\hat{}(1/2) \fallingdotseq 171.2$

COFFEE BREAK　株価指数

　経済統計指標は指数のかたちをとるものが多い。株価指数もその代表的なものである。この指数には，東京証券取引所が提供する TOPIX と，日経平均指数とがある。両者は計算方法と対象銘柄で違いがある。計算方式でいえば日経平均はダウ式修正平均で，TOPIX は時価総額方式（過去のある日の対象銘柄の時価総額と当日の時価総額の比率で求める）で求められる。対象銘柄でいえば，日経平均は東京証券取引所第一部上場銘柄のうち 225 銘柄が対象，TOPIX は全銘柄を対象とする。

　日経平均で採用されている合計株価を「除数」で割るダウ式平均の一般式は，以下の通りである。

　　　ダウ式平均株価 ＝ $\dfrac{採用銘柄株価合計}{除数}$

　一例を示すと，いま A 社，B 社の 2 社の株価が，それぞれ 1200 円，400 円だったとする。単純平均でこの 2 社の株価の平均値は，800 円である。

　A 社が 1 株を 2 株に株式分割したとすると，A 社の株は 1 株あたり 600 円となり，同じ単純平均をとると 2 社の平均株価は 500 円となる。これでは市場での株価の変動がないにもかかわらず，株式分割によって，あたかも株価が下落したようにみえる。

　このことを避けるには，分子の 2 社の 1 株当たりの合計は 1000 円（600 円＋400 円）であるから，平均株価 800 円を維持するために，分母を 1.25 とすればよい。この修正された分母の値を除数という。除数を用いて株式分割前後の平均株価の維持，連続性を確保する方式をダウ・ジョーンズ方式という。

　「除数」の導入は，株式分割や併合，銘柄入れ替えなどの場合に起こるかもしれない指数の不連続性の回避を目的とする。

課題 2

　図表 10-5 は，「一世帯当たり年間の品目別購入数量，平均価格（全国・勤労者世帯［二人以上の世帯］）」から抽出した生鮮食料品 3 品目の購入量と価格のデータである。以下の指示にしたがって Excel のワークシート上にこの図表を作成しなさい。

（ファイル名「10 講_課題」－「図表 10-5」シート）

(1)　3 品目の総合物価指数をラスパイレス式で求めなさい（基準年を 2020 年とする）。

(2)　この 3 品目の総合物価指数の推移を示すグラフを作成しなさい。

図表 10-5　一世帯当たり年間の品目別購入数量，平均価格（全国・勤労者世帯［二人以上の世帯］）

	A	B	C	D	E	F	G	H	I	J
1	図表10-5　一世帯当たり年間の品目別購入数量、平均価格（全国・勤労者世帯[二人以上の世帯]）									
2	（購入量：単位g）	生鮮魚介	生鮮肉	生鮮野菜		（100g単位あたりの価格）	生鮮魚介	生鮮肉	生鮮野菜	3品目の総合物価指数
3	2012年	31,024	43,807	172,750		2012年	143.6	134.1	37.2	86.3
4	2013年	30,582	45,266	175,942		2013年	147.5	136.9	37.7	88.0
5	2014年	28,605	45,051	176,135		2014年	160.0	150.5	38.5	93.9
6	2015年	27,986	45,459	173,503		2015年	166.0	156.2	41.4	98.7
7	2016年	27,227	47,202	169,620		2016年	168.3	151.6	43.0	99.1
8	2017年	24,771	47,792	170,627		2017年	176.2	152.5	41.8	99.3
9	2018年	23,465	49,047	165,301		2018年	176.9	149.9	43.7	100.4
10	2019年	22,966	48,694	164,507		2019年	180.2	146.9	41.3	97.8
11	2020年	23,910	53,573	175,433		2020年	182.4	149.2	42.8	100.0
12	2021年	22,964	52,227	169,692		2021年	185.6	149.8	41.9	99.8
13	2022年	19,516	51,089	160,388		2022年	206.0	153.2	44.2	105.2
14	2023年	18,468	50,193	156,113		2023年	222.3	159.0	45.8	110.2
15										
16	<3品目の総合物価指数>									
17		生鮮魚介	生鮮肉	生鮮野菜	3品目の総合物価指数					
18	2012年	3433236.9	7181996.4	6529616.3	86.3					
19	2013年	3527442.3	7334143.7	6610315.4	88.0					
20	2014年	3824404.5	8060057.9	6761187.8	93.9					
21	2015年	3968820.9	8367566.9	7261171.9	98.7					
22	2016年	4023813.9	8118988.2	7536601.7	99.1					
23	2017年	4213181.1	8172025.4	7326082.1	99.3					
24	2018年	4228483.5	8030057.0	7671685.1	100.4					
25	2019年	4308821.1	7870409.4	7241874.2	97.8					
26	2020年	4360944.9	7994698.8	7499760.8	100.0					
27	2021年	4436500.5	8024699.7	7354151.4	99.8					
28	2022年	4924264.5	8206312.1	7748875.6	105.2					
29	2023年	5315910.3	8518642.7	8036585.7	110.2					

※　出所）「家計調査年報」各年版

操作手順

◆ラスパイレス式で総合物価指数を計算する。 ....

❶　J3 に「＝（G3＊$B$11＋H3＊$C$11＋I3＊$D$11）／（G$11＊$B$11＋H$11＊$C$11＋I$11＊$D$11）＊100」と計算式を記入する。

❷　J3 の計算式を J4：J14 にコピーする。

10-2　物価指数　**127**

❸ 折れ線グラフを作成後，［グラフのデザイン］タブ―［グラフの移動］をクリックして新しいシートに移動し，シート名を「図表 10-6」とする（図表 10-6 のデータラベルで計算結果を確認のこと）。さらに，グラフの体裁を整える（ここでは，図表のフォントサイズ「14」，フォントの色を「黒」とした）。

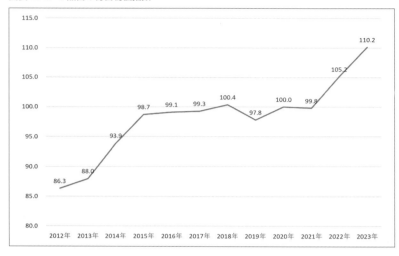

図表 10-6　3 品目の総合物価指数

ところで，前ページの Excel のワークシート上での計算方法では計算式が長くなり，セル番地をミス入力しやすい。また，商品の和がこの程度であれば何とかなるが，商品数が多くなると計算式の入力は容易でない。そこで，以下のように商品ごとに各年の価格と 2020 年の購入数量を掛けた表を用意し，その表を利用して計算すれば比較的計算は簡単になる。

❹ B18 に「＝G3＊B$11」と入力する（次のコピーの際にセルの列の移動が可能なように B 列には $ を付けない）。
❺ B18 の計算式を C18：D18 にコピーする。
❻ B18：D18 の計算式を B19：D29 にコピーする。
❼ E18 に「＝SUM(B18：D18)/SUM($B$26：$D$26)＊100」と計算式を入力する。この計算式を E19：E29 にコピーすると，以下の表が完成する。

図表 10-7　3 品目の総合物価指数

	生鮮魚介	生鮮肉	生鮮野菜	3 品目の総合物価指数
2012年	3433236.9	7181996.4	6529616.3	86.3
2013年	3527442.3	7334143.7	6610315.4	88.0
2014年	3824404.5	8060057.9	6761187.8	93.9
2015年	3968820.9	8367566.9	7261171.9	98.7
2016年	4023813.9	8118988.2	7536601.7	99.1
2017年	4213181.1	8172025.4	7326082.1	99.3
2018年	4228483.5	8030057.0	7671685.1	100.4
2019年	4308821.1	7870409.4	7241874.2	97.8
2020年	4360944.9	7994698.8	7499760.8	100.0
2021年	4436500.5	8024699.7	7354151.4	99.8
2022年	4924264.5	8206312.1	7748875.6	105.2
2023年	5315910.3	8518642.7	8036585.7	110.2

この方式は手際がよく、正確に指数を計算できる。品目数が多ければ多いほど、その効果は大きい。もっとも、最初の品目ごとの価格と購入数量の表を上手にワークシート上に作成することが重要である。

消費者物価指数の計算は以上の通りであるが、この指数が価格変動をどの程度正確に反映しているかについては、種々の見解がある。

また、この指数は「家計調査」のデータを利用して、マーケット・バスケット方式（あたかも「買い物かご」を持って、日常生活に必要な品物を購入するかのような想定をし、それらの品物の価格を認識する方式）を取っているので、生計費の測定という要素をも併せ持つ。しかし、そうだとすると、指数の公表値は生活実感と合わないという声がしばしば聞こえる。

消費者物価指数が生活実感と合致しない理由は、この指数を計算する際に、税金や社会保険料などの非消費支出項目が入らないこと、住居費のウエイトが実際の勤労者の支払うそれより小さめに評価されていることなどによる。

10-3 デフレーター

10-3-1 デフレーター

統計データは、具体的、現実的な数量であるから、単位を持つ。単位は、貨幣単位か、人・物量の単位かのいずれかである。

単位に貨幣単位が採用されている場合、時々の実際価格によるデータは、名目値である。ところで、価格単位で統計データの大きさを示すときには、価格変化の要因を考えなければならない。時系列データを扱う場合は、特にこの要因に配慮しなければならない。

具体的には、名目値から価格変化の要因を除去する必要がある。この名目値から、価格変化の要因を取り除いた統計データは、実質値と呼ばれる。

名目値から実質値を求める統計処理が、実質化である。この実質化のために使われる物価指数をデフレーターと呼ぶ。

実質値は、次式のように、個々の変数の名目値をデフレーターで割れば求められる。デフレーターの基準年が変われば、実質値は変わる。

$$実質値 = \frac{名目値}{デフレーター}$$

消費支出の名目値の実質化には総合物価指数が使われる。総合物価指数には、10-2で述べたように、ラスパイレス式、パーシェ式などの算式があるが、前者によることが多い。

課題 **3**

　図表 10-8 は「国民経済計算」の「国内家計消費支出」からとったデータである。Excel のワークシート上にこの図表を作成し，以下の問いに答えなさい。

（ファイル名「10 講_課題」－「図表 10-8」シート）

(1) 消費支出(名目)，食料費(名目)をそれぞれ実質化し，あわせてそれぞれの平均増減率を求めなさい。

(2) 実質化した消費支出と食料費について，散布図を作成しなさい。

図表 10-8　国内家計消費支出

	A	B	C	D	E	F	G	H	I
1	図表10-8　国内家計消費支出(単位：10億円)								
2		消費支出(名目)	デフレーター	消費支出(実質)	増減率	食料費(名目)	食料費デフレーター	食料費(実質)	増減率
3	2012年	280,846	0.978			69,469	0.885		
4	2013年	288,236	0.975			70,586	0.884		
5	2014年	292,480	0.995			71,189	0.917		
6	2015年	294,292	1.000			74,341	0.946		
7	2016年	291,849	0.997			74,770	0.962		
8	2017年	296,379	1.001			74,584	0.968		
9	2018年	300,366	1.008			76,090	0.982		
10	2019年	299,732	1.013			77,431	0.987		
11	2020年	284,038	1.016			79,496	1.000		
12	2021年	287,945	1.022			78,576	1.000		
13	2022年	303,528	1.052			80,502	1.045		
14				平均増減率				平均増減率	

※　食料費は元データでは「食料非アルコール飲料」となるが，ここでは名称を略している。

操作手順

◆**消費支出（名目）を実質化する。** ………………………………………………………………

❶　D3 に「＝B3/C3」と入力する。

❷　D3 の計算式を D4：D13 にコピーする。

◆**消費支出の増減率を求める。** …………………………………………………………………

❶　E4 に「＝D4/D3」と入力する。この値から 1 を引いたものを増減率というが，ここでは関数 "GEOMEAN" を使用するのに適当な，このままの計算結果を増減率の値とする。

❷　E4 の計算式を E5：E13 にコピーする。

◆**消費支出の平均増減率を計算する。** ………………………………………………………

❶　E14 をクリックし，統計関数から "GEOMEAN" を選択する。

❷　E4：E13 に範囲を指定し，[OK] をクリックする。1.0055 という答えが出る。この値から 1 を引いた 0.0055，すなわち 0.55％ が平均増加率である。

◆**食料費（名目）を実質化する。** ………………………………………………………………

❶　H3 に「＝F3/G3」と入力する。

❷　H3 の計算式を H4：H13 にコピーする。

◆**食料費の増減率を求める。** ……………………………………………………………………

❶　I4 に「＝H4/H3」と入力する（増減率の扱い方は上記に同じ）。

130　第 10 講　価格変動を測定する

❷ I4の計算式をI5：I13にコピーする。

◆**食料費の平均増減率を計算する。**

❶ I15をクリックし，統計関数から"GEOMEAN"を選択する。

❷ I4：I13に範囲を指定し，［OK］をクリックする。0.9981という答えが出る。1からこの値を引いた0.0019，すなわち0.19％が平均増減率である。

❸ D3：D13とH3：H13を桁区切りスタイルにする。

	A	B	C	D	E	F	G	H	I
1	図表10-8　国内家計消費支出(単位：10億円)								
2		消費支出(名目)	デフレーター	消費支出(実質)	増減率	食料費(名目)	食料費デフレーター	食料費(実質)	増減率
3	2012年	280,846	0.978	287,164		69,469	0.885	78,496	
4	2013年	288,236	0.975	295,626	1.0295	70,586	0.884	79,848	1.0172
5	2014年	292,480	0.995	293,950	0.9943	71,189	0.917	77,632	0.9722
6	2015年	294,292	1.000	294,292	1.0012	74,341	0.946	78,585	1.0123
7	2016年	291,849	0.997	292,727	0.9947	74,770	0.962	77,723	0.9890
8	2017年	296,379	1.001	296,083	1.0115	74,584	0.968	77,050	0.9913
9	2018年	300,366	1.008	297,982	1.0064	76,090	0.982	77,485	1.0056
10	2019年	299,732	1.013	295,885	0.9930	77,431	0.987	78,451	1.0125
11	2020年	284,038	1.016	279,565	0.9448	79,496	1.000	79,496	1.0133
12	2021年	287,945	1.022	281,746	1.0078	78,576	1.000	78,576	0.9884
13	2022年	303,528	1.052	288,525	1.0241	80,502	1.045	77,035	0.9804
14				平均増減率	1.0005			平均増減率	0.9981

◆**グラフ（散布図）を作成する。**

❶ D3：D13とH3：H13をドラッグして反転させる。

❷ ［挿入］タブ－「グラフ」グループの［散布図（X，Y）またはバブルチャートの挿入］をクリックして"散布図"の「散布図」を選択する。作成したグラフを［グラフのデザイン］タブ－［グラフの移動］で新しいシートに移し，シート名を「図表10-9」とする。

❸ ［グラフのデザイン］タブ－「グラフのレイアウト」グループの［グラフ要素を追加］をクリックして［軸ラベル］を選択して「第1横軸」「第1縦軸」を追加し，項目名を入力する。さらに［グラフタイトル］を入力し，グラフの体裁を整える。

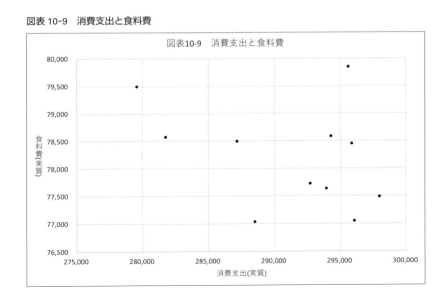

図表10-9　消費支出と食料費

演習問題

1. 図表 10-5 を参考に，「演習問題」シートの図表 10-10 を利用し，「カバン類」4 品目の総合物価指数を 2020 年基準で計算しなさい。
2. 図表 10-11 の総固定資本形成(実質)，増減率，平均増減率を計算しなさい。

（ファイル名「10 講_課題」－「演習問題」シート）

〈演習問題シート〉

	A	B	C	D	E	F	G	H	I	J	K	L	M
1	図表10-10　一世帯当たり年間の品目別購入数量、平均価格（全国・勤労者世帯[二人以上の世帯]）												
2	(購入量：単位g)	ハンドバッグ	通学用かばん	旅行用かばん	他のバッグ			価格	ハンドバッグ	通学用かばん	旅行用かばん	他のバッグ	4品目の総合物価指数
3	2020年	3,455	1,230	344	3114			2020年	100.0	100.0	100.0	100.0	
4	2021年	3,443	1,105	299	3156			2021年	99.0	104.3	101.1	94.3	
5	2022年	3,759	1,051	666	3373			2022年	102.1	117.2	102.4	94.6	
6	2023年	4,242	922	865	3688			2023年	105.2	130.7	104.5	97.0	
7													
8	<4品目の総合物価指数>												
9		ハンドバッグ	通学用かばん	旅行用かばん	他のバッグ	4品目の総合物価指数							
10	2020年	345500.0	123000.0	34400.0	311400.0								
11	2021年	342045.0	128289.0	34778.4	293650.2								
12	2022年	352755.5	144156.0	35225.6	294584.4								
13	2023年	363466.0	160761.0	35948.0	302058.0								
14													
15	図表10-11　総固定資本形成(単位：10億円)												
16		総固定資本形成(名	デフレーター	総固定資本形成(実質)	増減率								
17	2012年	118,981	0.964										
18	2013年	124,919	0.972										
19	2014年	130,141	0.991										
20	2015年	134,355	1.000										
21	2016年	134,788	0.992										
22	2017年	138,309	1.002										
23	2018年	140,648	1.012										
24	2019年	142,533	1.020										
25	2020年	137,457	1.021										
26	2021年	141,252	1.045										
27	2022年	147,110	1.095										
28	2023年	154,078	1.126										
29				平均増減率									

第 **11** 講 ● **外国為替レート変化の影響をとらえる**

レクチャーポイント

❶外国為替レートの理解
❷内外金利差と外国為替レートの変化の理解

スキルチェック

❶グラフの編集
❷グラフの第2軸の活用

11－1 外国為替

11-1-1 外国為替レート

　海外との貿易取引や資本取引（他国の債券・株式への投資など）に際しては，自国通貨と外国通貨を交換する必要が生じる。このように異なる通貨を交換することを外国為替という。自国通貨と外国通貨を交換するからには，その交換比率が必要となる。1ドルと何円を交換するか，1ユーロと何円を交換するかということである。この比率を外国為替レートという。後述の実質為替レートと区別するために，これを名目為替レートという。1ドル110円というと，1ドルと110円を交換するということである。そして，これは円とドルを交換する比率であるからドル円レートという。この交換比率は，現在の日本は変動相場制にあるので，通貨の需要と供給の変化によって刻々と変化する。

　1ドル110円や1ドル120円のように，外国通貨であるドル1単位を基準に自国通貨である円で何単位に相当するかを表示する方式を自国通貨建ての表示という。この自国通貨建ての表示の場合，110円から120円というように額が上がった場合，ドル高・円安という。前述したように，1ドル110円というのは円で計ったドル1単位の価値を表し，1ドルが110円から120円に変わったということであるから，ドル高・円安になったということである。逆に，これを円の価値の面から見ると，1円の交換比率が1/110ドルから1/120ドルに変化したということであり，ドルに対して円の価値は下がっていることがわかる。このように，自国通貨である円1単位を基準に外国通貨であるドルで何単位に相当するかを表示する方式を外国通貨建てという。

　一般的にドル円レートやユーロ円レートについてはニュース等で触れる機会が多いが，日本は米国やユーロ圏だけではなく，中国や韓国，オーストラリア，サウジアラビア，タイといった様々な国々と貿易取引や資本取引を行っている。そのために，特定の2通貨間ではなくて，加重平均を用いて貿易額等で計った相対的な重要度でウエイト付けした総合的な為替レートの変動を表している名目実効為替レートを使用する場合もある。

　また，物価の変動を調整する必要があり，実質為替レートも使用する場合がある。具体的にドル円の実質為替レートで見ていこう。Sを1ドル110円や1ドル120円のようなドル円レートとする。

11-1 外国為替 **133**

なお，実質為替レートと異なることを示すために，これを名目為替レートという。日本と米国の物価水準をそれぞれ P^{JP} と P^{US} とすると，ドル円の実質為替レートは SP^{US}/P^{JP} と定義される。名目実効為替レートがあるように，対象となる国・地域の物価動向で調整した実質実効為替レートもある。

11-1-2　近年の外国為替レートの変化

それでは，日本の（名目）ドル円レートと実質実効為替レートの推移を，日本銀行が公表している統計をもとに，以下の手順でグラフを作成しながらみていこう。

課題 1

図表 11-1 は外国為替レートの状況を表したものである。日本銀行の Web サイトから必要なデータを入手し，Excel のワークシート上に図表 11-1 を作成しなさい。

図表 11-1　外国為替レートの推移

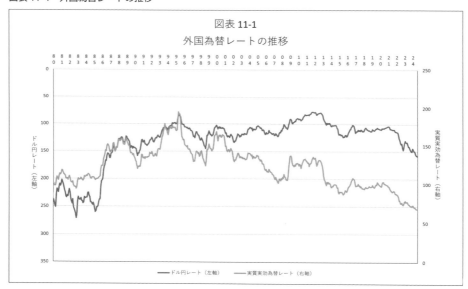

▶実質実効為替レート
　対象となるすべての通貨と日本円との間の 2 通貨間為替レートを，貿易額等で計ったウエイトで加重平均したものが名目実効為替レートであり，それを物価動向も加味して算出したのが実質実効為替レートである。

操作手順 ⬇

（1） データの入手

❶　日本銀行の Web サイト（https://www.boj.or.jp）【統計】→【時系列統計データ検索サイト】→【主要時系列統計データ表】の「マーケット関連」→「為替相場（東京インターバンク相場）」→「月次」をクリックすると，「為替相場（東京インターバンク相場）」に関する【主要時系列統計データ表】が表示される。

❷　表示された【主要時系列統計データ表】はダウンロードできるようになっており，画面左上の「ダウンロード」ボタンをクリックすると，ドル円レートに関する CSV（カンマ区切り）ファイルが得られるので，「名前を付けて保存」で自分のフォルダに保存する。CSV ファイルは加工に適さないので，保存の際に，「ファイル名」としてわかりやすい名前を付けるとともに，「ファイルの種類」で通常使っている「Excel ブック」を選んで保存する。

❸　続いて実効為替レートのデータを入手する。【時系列統計データ検索サイト】→【主要時系列統計データ表】の「マーケット関連」→「実効為替レート」→「月次」をクリックすると，実効為替レートに関する【主要時系列統計データ表】が表示される。❷と同様に，ダウンロードし，「Excel ブック」形式で保存する。

❹　入手した❷のデータから，「年・月」系列，「為替相場（東京インターバンク相場）/東京市場ドル・円スポット 17 時時点/月中平均」のデータ，❸のデータから「実効為替レート/実質実効為替レート指数」のデータをコピーし，図表 11-2 のように，別シートに貼り付ける。

図表 11-2　ドル円レートのデータ，実効為替レートのデータ

	A	B	C	D
1	図表11-2		東京市場　ドル・円スポット　17時時点/月中平均	実質実効為替レート
2			1ドルにつき円	２０２０年＝１００
3		年	ドル円レート（左軸）	実質実効為替レート（右軸）
4	Jan-80	80	237.73	101.44
5	Feb-80		244.07	98.7
6	Mar-80		248.61	98.22
7	Apr-80		251.45	98.82
8	May-80		228.06	106.14
9	Jun-80		218.11	109.72
10	Jul-80		220.91	107.31
11	Aug-80		224.34	105.42
12	Sep-80		214.95	110.53
13	Oct-80		209.21	113.48
14	Nov-80		212.99	112.34
15	Dec-80		209.79	113.93
16	Jan-81	81	202.19	118.07
17	Feb-81		205.76	117.44
18	Mar-81		208.84	115.05
19	Apr-81		215.07	112.89
20	May-81		220.78	112.33
21	Jun-81		224.21	111.26
22	Jul-81		232.11	107.35
23	Aug-81		233.62	106.89
24	Sep-81		229.83	107.79

11-1　外国為替　**135**

❺ 年月系列の右側に1列挿入し，各年の1月に対応する欄に年次（西暦の下2桁）を入力する。これは，グラフの軸ラベルに使用するためである。1980年を80，2000年を00と表記すると簡潔なため，文字列にするとよい。

❻ ドル円レートデータの表頭は"ドル円レート（左軸）"，実質実効為替レートデータの表頭は"実質実効為替レート（右軸）"と入力しておく。これは，後に凡例で利用する。

（2） 推移グラフの作成

❶ 「ドル円レート（左軸）」，「実質実効為替レート（右軸）」と入力されたセルならびにそのデータ部分をドラッグし，［挿入］タブ－［グラフ］グループ－「折れ線／面グラフの挿入」－［2-D折れ線］の［折れ線（マーカーなし）］を選ぶ。

❷ そうすると，ワークシート上にグラフの原型が示され，［グラフのデザイン］タブが表示される。この［グラフのデザイン］タブの中に，さまざまなグラフ編集機能がある。［グラフのデザイン］タブが表示されていない場合は，グラフエリアをクリックすると表示される。

❸ 編集しやすくするため，［グラフのデザイン］タブ－［場所］グループで［グラフの移動］を選ぶ。［グラフの移動］ダイアログボックスが現れるので，［新しいシート］にチェックを入れ［OK］をクリックする。

図表11-3 外国為替レートの推移（原図）

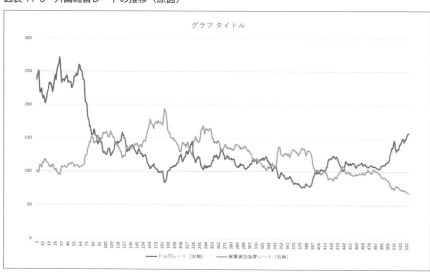

グラフタイトルと縦軸ラベルが記入されていないが，ここまでの作業で図表11-3のようにかなり見やすいグラフとなる。しかし，大きな問題が三つある。一つ目は，ドル円レートと実質実効為替レートとは値の意味が違うということである。二つ目は，ドル円レートの値は，数値が大きくなるほど円安となり，左の縦軸目盛は円の高さとは逆になっている。三つ目は，横軸目盛が自動的に付与される数値となっており，B列の年次が表示されていない。これらを解決しなければならない。

(3) グラフの編集

◆**グラフタイトルと縦軸ラベル，グラフの枠線を指定する。**

❶ 新しいシート（グラフシート）にグラフが移動するので，グラフタイトルに「図表 11-1 外国為替レートの推移」と記入する。

❷ 縦軸ラベルについては，［グラフのデザイン］タブ－［グラフ要素を追加］－［軸ラベル］－［第 1 縦軸］をクリックしてラベルを挿入し，「ドル円レート（左軸）」と記入する。

❸ 作成されたグラフは枠線ですべて囲まれているわけではない。そこで，グラフが描かれているプロットエリアをマウスでクリックし選択する。次に，右クリックし，"プロットエリアの書式設定" を選ぶ。［プロットエリアの書式設定］作業ウィンドウが表示されるので，［枠線］の［線（単色）］にチェックし，［色］で "黒，テキスト 1" を選ぶ。グラフが枠線で囲まれる。

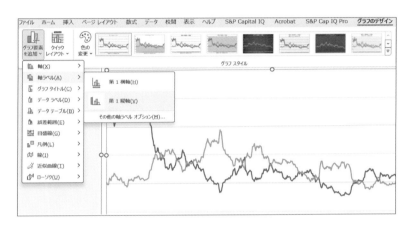

◆**横軸ラベルを指定する。**

❶ ［グラフのデザイン］タブ－［データ］グループ－［データの選択］をクリックすると［データソースの選択］ダイアログボックスが表示されるので，［横（項目）軸ラベル］の "編集" を選択する。

❷ ［軸ラベル］ダイアログボックスが表示されるので，［軸ラベルの範囲］にデータシートにおける B 列の年次データ（B4：B538）を指定する。なお，B538 は 2024 年 7 月までのデータの場合である。年次データが増えれば，指定する範囲の行数も増加する。

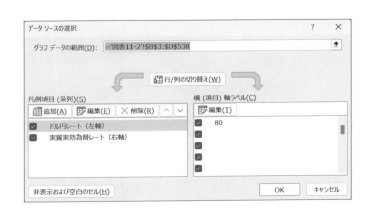

◆第 2 軸を使う。

❶　凡例がグラフ下側に配置されているので，余裕のあるところにマウスで移動し，プロットエリアをマウスで広げる。プロットエリアのサイズを整える。

❷　ドル円レートは 1 ドル当たりの円の額であり，実質実効為替レートは 2020 年を 100 とした指数の値である。数値の性格としてはまったく異なる。こうした場合に両者を同一軸で表現することはグラフの基本原則に反する。そこで，実質実効為替レートについては，右側に表示される第 2 軸の目盛で表すこととする。

❸　実質実効為替レートの折れ線グラフにカーソルを合わせてクリックして選び，続いて右クリックし"データ系列の書式設定"を選ぶ。［データ系列の書式設定］作業ウィンドウで，［系列のオプション］－「使用する軸」の"第 2 軸（上/右側）"を選択する。

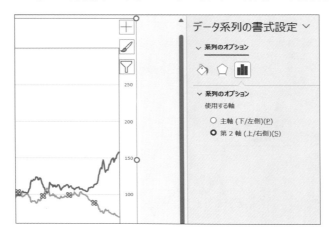

◆左軸目盛を反転する。

❶　ドル円レートの値は，それが高いほど円が安いことを意味している。そうであるならば，左軸目盛は反転させた方がよく理解できる。その方法は簡単で，左軸にカーソルを合わせ，右クリックして［軸の書式設定］を選択し，［軸の書式設定］作業ウィンドウで［軸のオプション］で"軸を反転する"にチェックを入れる。最大値を固定で 350 に指定すると，その後のグラフが比較的きれいになる。

❷　第 2 軸ラベルが表示されていないので，［グラフのデザイン］タブ－［グラフ要素を追加］－［軸ラベル］－［第 2 縦軸］を選択して，ラベルを挿入し，「実質実効為替レート（右軸）」と記入する。

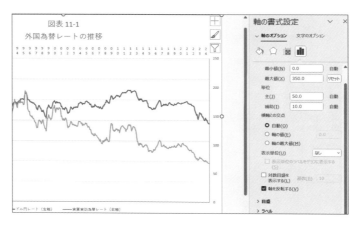

❸ 右軸，左軸ラベルとも横書きであるので，縦書きに改める。いずれも，軸ラベルを選択して右クリックし，［軸ラベルの書式設定］作業ウィンドウで［文字のオプション］－［文字列の方向］－［縦書き（半角文字含む）］を選んで直す。その他，文字サイズなどの調整を行うと，図表 11-1 を得ることができる。

専門的な話にはなるが，購買力平価説が成立していれば，実質実効為替レート，あるいは実質為替レートは一定となる。しかし，図表 11-1 に示されているように，日本の実質実効為替レートは 1990 年代半ばまでは上昇しているが，それ以降は減少のトレンドにある。実質実効為替レート，あるいは実質為替レートの長期的なトレンドを説明する仮説として，バラッサ・サミュエルソン効果がある。

また，ドル円レートは 2020 年頃まではおおよそ 1 ドル 110 円で推移していたが，米国が国内の上昇するインフレ率を抑制するために，米国の中央銀行が利上げを行うと，急速に円安が進んでいることが示されている。このように，為替レートは日本国内の要因だけではなく，海外の要因も強く影響している。

11－2 　内外金利差と外国為替レートの変化

11-2-1 　海外金利と外国為替レート

100 万円で米ドル定期預金（2 年物）を実施するか，国内預金にするか迷っている。国内預金の金利は年 2.00% で，米ドル預金の金利は年 4.75% であったとする。また，当初のドル円レートは 115 円/ドルであったとする。

① 2 年後のドル円レートが，1 ドル 130 円になるとすると，2 年後の円での価値は国内預金を選択した方が有利であるか米ドル定期預金を選択した方が有利であるか。
② 2 年後のドル円レートが，1 ドル 100 円になるとすると，2 年後の円での価値は国内預金を選択した方が有利であるか米ドル定期預金を選択した方が有利であるか。

いずれの場合も，手数料，税，物価の変化は考えない。

国内預金を選択　　100 万円×1.02² ＝104.04 万円

ドル預金を選択

　①115 円/ドル→130 円/ドル

　　米ドル預金　$\dfrac{100 万円}{115 円/ドル}$×1.0475²×130 円/ドル ＝124.0376 万円　　　ドル預金が有利

　②115 円/ドル→100 円/ドル

　　米ドル預金　$\dfrac{100 万円}{115 円/ドル}$×1.0475²×100 円/ドル ＝95.4135 万円　　　国内預金が有利

11-2　内外金利差と外国為替レートの変化　**139**

11-2-**2**　内外投資益の差が解消される為替レートの変化

　内外で金利差があるとき，為替レートが変化すると投資益の差がなくなることがある。変化の大きさいかんでは，元本割れすることすらある。たとえば日米金利でいえば，米国の金利水準が日本よりも高い状態がずっと続いてきた。そうなれば，日本国内への投資よりも米国債への投資が有利であるということになり，日本の資金が米国債の消化を支えるという関係が生まれる。しかし，円高が急激に進行すると，この関係が逆転する。こうした逆転への境界レートおよびそこにいたる変化率（円のドルに対する切り上げ率＝ドルの円に対する切り下げ率）を求めてみる。

　年利5％のドル預金（5年物）と年利2％の円預金（国内）があったとする。為替レートは，1ドル120円である。100万円で5年間の投資を考えるとき，為替レートに変化がなければ，当然ドル預金が有利である。しかし，5年後に円高が進行していると状況が変わってくる。では，ドル預金の有利性が解消されるのは，5年後に1ドル何円に変化したときか。そのレートを求めてみる（手数料，税，物価の変化は考えない。為替売相場と買相場に若干の違いがあるが，その違いも考えない。結果は小数第3位まで）。

　5年後の為替レートを1ドルx円とする。

$$\frac{100\,万円}{120\,円/^{ド}_{ル}} \times 1.05^5 \times x\,円/^{ド}_{ル} = 100\,万円 \times 1.02^5$$

$$x\,円/^{ド}_{ル} = \frac{1.02^5}{1.05^5} \times 120\,円/^{ド}_{ル} = 103.809\,円/^{ド}_{ル}$$

　以上を一般式で整理すると，次のようになる。

　米国の金利が$100\,a$％，日本の金利が$100\,j$％で，当初為替レートがx円/$^{ド}_{ル}$，期間n年のとき，日米金利差による投資益の差が解消されるn年後の為替レートをy円/$^{ド}_{ル}$とする。

$$\frac{100\,億円}{x\,円/^{ド}_{ル}} \times (1+a)^n \times y\,円/^{ド}_{ル} = 100\,億円 \times (1+j)^n$$

$$\therefore \frac{y}{x} = \frac{(1+j)^n}{(1+a)^n}$$

11-2-**3**　外貨預金の先物予約

　外貨建て資産の運用終了時で，外貨から円貨への転換を前もって予約（契約）することを，為替予約を組むという。これは，現在の為替（直物為替）レートで外貨を購入することと，将来の為替（先物為替）レートで円を購入することを同時に行う取引である。このように直物為替と先物為替を同時に売り買いすることを，スワップを組むという。スワップを組む理由は，将来の為替レート変動によるリスクを最小限にするためである。いわゆるリスクヘッジ（リスクを小さくする）の一方法として採用される。

　為替先物予約を組むと円貨ベースでの実質運用利率があらかじめ確定する。こうした実質運用利率を求めてみる。

140　第11講　外国為替レート変化の影響をとらえる

2 年定期のドル預金を行う。

預入額 2000 万円（円貨），預入時為替レート 120 円/ﾄﾞﾙ，ドル預金利回り 5%（2 年物），2 年後の為替予約レート 115 円/ﾄﾞﾙ とするとき，

実質運用利率を 100 r % とすると，

$$\frac{2000\,万円}{120\,円/ﾄﾞﾙ} \times (1+0.05)^2 \times 115\,円/ﾄﾞﾙ = 2000\,万円 \times (1+r)^2$$

$$(1+r)^2 = 1.05^2 \times \frac{115\,円/ﾄﾞﾙ}{120\,円/ﾄﾞﾙ} \qquad r = 2.789\%$$

課題 2

図表 11-4 は，現在レート，国内金利，アメリカ国内金利，投資期間を与えたとき，内外での運用益の差が解消される将来為替レートとその変化率を自動計算する表である。Excel のワークシート上にこの図表を作成しなさい。

ただし，ドル円レートは小数第 2 位まで，金利は小数値とする。また，為替レートの変化率は，パーセントで小数第 2 位までとする。

（ファイル名「11 講_課題」－「図表 11-4」シート）

図表 11-4　内外投資益の差が解消する外国為替レートの変化

	B4			f_x	4.5	

	A	B	C
1	図表11-4　内外投資益の差が解消する外国為替レートの変化		
2	現在レート=	120	円/ドル
3	国内金利=	0.5	%
4	アメリカ国内金利=	4.5	%
5	期間=	5	年
6			
7	将来為替レート=		円/ドル
8	為替レートの変化率=		%

操作手順

◆**表の枠組みを作成する。**

❶　B7 に 11-2-2 の式（P.140）を参考に，将来為替レートを求める式を入力する。

　　B7 に「=((1+B3/100)/(1+B4/100))^B5*B2」と入力する。

❷　B8 に B2 から B7 への変化率の式を入力する。

　　B8 に「=(B7/B2-1)*100」と入力する。

◆**シミュレーションする。**

B2 から B5 の数値を変えると結果がどのように変化するか確認してみよう。

11-2　内外金利差と外国為替レートの変化　**141**

■   **演習問題**   ■

1. 課題❷図表 11-4 の Excel のワークシートを使って次の問いに答えなさい。

（ファイル名「11 講_課題」－「演習問題 1」シート）

(1) C バンクで 100 万円の米ドル定期預金（3 年物）を始めたとする。利率は年 4.75% である。為替レートが 1 ドル＝115 円から，①1 ドル＝100 円になった場合と，②1 ドル＝125 円になった場合について，3 年後に解約し，円に戻した場合の運用利率をそれぞれ求めなさい（手数料，税は考えない。為替売相場と買相場率の違いも考えない）。

(2) 年利 7% のドル預金（4 年物）と年利 1.5% の円預金（国内）があったとする。為替レートは，1 ドル＝110 円である。100 万円で 4 年間の投資を考えるとき，為替レートに変化がなければ，当然ドル預金が有利である。では，ドル預金の有利性が解消されるのは，4 年後に為替レートが 1 ドル何円になったときか。そのレートとレートの変化率を求めなさい（手数料，税，物価の変化は考えない。為替売相場と買相場率の違いも考えない。解答は小数第 3 位まで）。

2. 課題❶で作成したデータを用いて，ドル円レートの動きと名目実効為替レート指数の推移を表す折れ線グラフを作成しなさい。なお，グラフを見やすくするため，第 2 軸を使う工夫をしなさい。

第 4 編

データを整理し集計する

第12講 地域の経済指標を比較する

12−1 県内総生産と操作の概要

12−2 県内総生産の並べ替え

12−3 フィルターによる1人当たり県民所得の抽出

12−4 RESASよる地域情報

第13講 個票データを集計する

13−1 個票データの集計

13−2 IF関数・IFS関数を用いたグルーピング

| 第 **12** 講 | 地域の経済指標を比較する |

レクチャーポイント

❶県内総生産，県民所得の利用方法
❷県内総生産の名目値と実質値の比較
❸地域を特定した RESAS の利用

スキルチェック

❶XLOOKUP／VLOOKUP 関数の利用
❷検索／行列関数
❸データの並べ替え，フィルター
❹RESAS データ分析支援，サマリー

12−1 | 県内総生産と操作の概要

12-1-1 県内総生産を通じて見る地域経済の動き

　ある地域の経済がどうなっているか，その経済の全体的な状況を示す指標の一つに**県内総生産**がある。県内総生産は，**産出**（産業※別の生産額のこと）から**中間投入**（外部企業からの原材料や燃料の購入額のこと）を控除することで求める。

　県内総生産は，地域経済の規模を示す指標で，その動向を見ることで地域の経済の発展をとらえることができる。例えば，日本が高度経済成長を続ける中で，1980 年までに東京都が全国の経済をけん引した。この時に急速に成長する都市部に対して，取り残されかねない各地域をどのように成長させるかという問題が出現した。新幹線や全国の高速道路の整備といった公共工事が全国に波及することで，地域の便益が高まるように政府の政策が行われてきた。そうした日本全国の経済発展は，県内総生産の推移に反映されている。各地域がどのように発展してきたのかを知るためには，県内総生産の動向を詳しく調べることが欠かせない。このように県内総生産は，地域経済の概要をつかむ上で欠かせない指標となっている。

※「産業」とは店舗，工場といった事業所をグループ別にまとめたもののことである。

12-1-2 県内総生産の名目値と実質値の違い

　モノ・サービスの値段の標準的な水準は，物価と呼ばれる。経済の規模を比較する上で，物価を反映するかどうかが重要な問題となる。県内総生産には，物価の上昇を含めた数値の**名目値**と物価の影響を除去した**実質値**の 2 種類がある。一般的に，分析で利用する場合は実質値の方が望ましいことが多い。

　例えば，他は一定とした上で物価だけが 2 倍になったとしよう。その場合，県内総生産の名目値は 2 倍に増加する。物価が 2 倍に上昇したからといって，経済規模が 2 倍に拡大した現象の説明に

なるだろうか。その場合，生産の数量や経済の活動は，何も変わっていない。実質的な変化がない
わけだから，物価によって経済規模が変化することは避けなければならないだろう。物価を反映し
てしまうと，物価の変動だけ経済の規模が変わってしまうことになる。実質値は物価から影響を受
けないため，名目値よりも利用されるのである。経済学で利用される需要曲線や供給曲線が交わる
均衡も，縦軸が価格で横軸が数量で評価されている。つまり名目ではなく，実質で評価されている。
米は 10 キロ持っているよりも 20 キロ持っている方が豊かといえる。

デフレーター＝名目値÷実質値×100

デフレーターはある年の物価を 100 としたときの物価を示す指数である。例えば，デフレーター
が 200 になれば，元の年から物価は 2 倍になった計算となる。県内総生産は，実額もしくは増減率
で分析する。ただし，一般的によく利用される，暦年データ（1 月から 12 月）と異なって，県内総
生産は年度データ（毎年 4 月〜翌年 3 月）のため，指標同士を比較する際に注意が必要となる。

12-1-3 県民所得

地域の所得格差をどうやって縮小させるか，これは昔から存在する重要な問題である。政府は公
共工事を多く実施することで，過疎地域の発展を促してきた。これは県内総生産を増加させ，工事
を受注した企業を通じて所得を過疎地に分配しようと配慮した政策であった。問題は，どのような
指標であれば，地域の所得格差を見ることができるかということである。地域間格差を所得の面で
見るのが，**県民所得**である。

県民所得は，その地域が得る所得全体の指標で，特に 1 人当たりの県民所得の地域格差が注目さ
れる。県民所得は，県民雇用者報酬（その地域で雇われている人が得るすべての賃金・報酬，退職
金など），企業所得，財産所得（利子・配当など）より成り立つ。

12-1-4 地域圏と地域ブロックの考え方

都道府県は 47 もあり，分析の際にデータの種類が特に限られていたり，地域の区分が細かすぎ
ることがある。こうしたときに地域ブロックを利用する。日本全国は，新幹線や飛行機で人は容易
に動くが，ダムや企業設備のように容易に移動できないものもある。全国を比較的行き来しやすい
地域もごく限られているわけで，人々の生活は大まかな経済圏で分けられている。地域ブロックは，
大くくりで日本をいくつかに分けた地域経済圏としてとらえられる。

地域ブロックは，各省庁によって地域区分が異なる。本講では内閣府のものを使用し，全国を北
海道・東北，関東，中部，近畿，中国・四国，九州の六つに分ける。沖縄県は九州に含められる。
図表 12-1 は地域ブロックと都道府県の対応表である。ここで使用する地域区分については，実教
出版 Web サイトからのダウンロードデータ（ファイル名「12 講_課題」）の「図表 1」シートをご
覧いただきたい。

12-1　県内総生産と操作の概要　**145**

図表 12-1　地域ブロック・都道府県対応表抜粋（「図表 1」シート）

都道府県番号	都道府県名	地域ブロック番号	地域ブロック名			地域ブロック名
1	北海道	1	北海道・東北		1	北海道・東北
2	青森県	1	北海道・東北		2	関東
3	岩手県	1	北海道・東北		3	中部
4	宮城県	1	北海道・東北		4	近畿
5	秋田県	1	北海道・東北		5	中国・四国
6	山形県	1	北海道・東北		6	九州
7	福島県	1	北海道・東北			
8	茨城県	2	関東			
9	栃木県	2	関東			
10	群馬県	2	関東			
11	埼玉県	2	関東			
12	千葉県	2	関東			
13	東京都	2	関東			
14	神奈川県	2	関東			
15	新潟県	3	中部			
16	富山県	3	中部			
17	石川県	3	中部			
18	福井県	3	中部			
19	山梨県	3	中部			
20	長野県	3	中部			
21	岐阜県	3	中部			
22	静岡県	3	中部			
23	愛知県	3	中部			

都道府県番号	都道府県名	地域ブロック番号	地域ブロック名
24	三重県	4	近畿
25	滋賀県	4	近畿
26	京都府	4	近畿
27	大阪府	4	近畿
28	兵庫県	4	近畿
29	奈良県	4	近畿
30	和歌山県	4	近畿
31	鳥取県	5	中国・四国
32	島根県	5	中国・四国
33	岡山県	5	中国・四国
34	広島県	5	中国・四国
35	山口県	5	中国・四国
36	徳島県	5	中国・四国
37	香川県	5	中国・四国
38	愛媛県	5	中国・四国
39	高知県	5	中国・四国
40	福岡県	6	九州
41	佐賀県	6	九州
42	長崎県	6	九州
43	熊本県	6	九州
44	大分県	6	九州
45	宮崎県	6	九州
46	鹿児島県	6	九州
47	沖縄県	6	九州

12-1-5　並べ替え操作

　Excel の並べ替えは，「並べ替え」と「フィルター」の二つの操作がある。レポートやレジュメといった根拠となるデータを元に資料を作成する場合，「並べ替え」をよく利用する。「並べ替え」をすると元のデータに戻すことができない場合があるので，「並べ替え」前のデータはできるだけ別シートに保存しておくことが望ましい。一方で，分析の参考のために，いくつかのランキングづくりを試行錯誤する場合，「フィルター」の方が利用しやすいだろう。「フィルター」であれば，ランキングを作ってもいつでも解除すれば元に戻すことができる。この二つの操作は目的に応じて使い分けるのがよいだろう。

12−2　県内総生産の並べ替え

12-2-1　検索／行列関数

　XLOOKUP 関数は，Microsoft 365 と Office 2021 に搭載された新しい検索／行列関数で，検索業務で最も利用されることが期待されている。VLOOKUP 関数は縦方向の検索に用い，HLOOKUP 関数は横方向の検索に用いるが，XLOOKUP 関数を利用すると，縦方向・横方向どちらの検索にも対応できる。本講では，XLOOKUP 関数と VLOOKUP 関数を学ぶ。

　XLOOKUP（検索値，検索範囲，戻り配列，［見つからない場合］，［一致モード］，［検索モード］）
　VLOOKUP（検索値，検索範囲，列番号，検索方法）
　HLOOKUP（検索値，検索範囲，行番号，検索方法）

　VLOOKUP 関数と HLOOKUP 関数の利用方法は，横方向か縦方向の違いだけである。検索範囲にあるリストは，順番に正確に並んだデータでないと誤ったデータを返すことがある。また検索範囲にあるデータが文字列の場合，きちんとデータを判別してくれないことがあるので，リストがき

146　第 12 講　地域の経済指標を比較する

ちんと整理されたものであるか，事前に確認が必要である。

　このような検索／行列関数は単独での使用も大変便利だが，名簿の整理といった作業のように，複数の関数を組み合わせた高度な処理でよく利用される。

課題　1　都道府県別指標の整理

　図表 12-2 は，都道府県別指標を整理したシートである。このシート名を「課題 1」とする。内閣府の Web サイトから必要な資料をダウンロードし，以下の指示にしたがって「課題 1」シートを作成しなさい。

（ファイル名「12 講_課題」－「課題 1」シート，「図表 1」シート）

(1)　図表 12-2 にあるように項目名を 2 行目（A2：J2）に入力しなさい。また，それらの単位を 1 行目に入力しなさい。

(2)　A 列，B 列，E 列，F 列，H 列，I 列について，それぞれ都道府県番号，都道府県名，県内総生産（名目），県内総生産（実質），総人口，県民所得のデータを 49 行目まで入力し，表の様式を整えなさい。

図表 12-2　県内総生産などのデータ（「課題 1」シート）

	A	B	C	D	E	F	G	H	I	J
1				単位	百万円	百万円		人	百万円	円
2	都道府県番号	都道府県名	地域ブロック番号	地域ブロック名	県内総生産（名目）	県内総生産（実質）	デフレーター	総人口	県民所得	1人当たりの県民所得
3	1	北海道			19725624	19052384		5224614	14011490	
4	2	青森県			4456607	4341596		1237984	3259418	
5	3	岩手県			4747426	4656496		1210534	3227228	
6	4	宮城県			9485225	9264170		2301996	6452135	
7	5	秋田県			3530452	3473573		959502	2478173	
8	6	山形県			4284158	4265462		1068027	3036349	

▶県民経済計算

　すべての都道府県と政令指定市が作成し，内閣府が毎年取りまとめる統計である。主要指標は，県内総生産，県民所得，総人口などとなっている。この資料の中で，県内総生産は単純化して県でない地域も県内総生産という。しかし，実際に東京都であれば都民経済計算，大阪府や京都府は府民経済計算，北海道は道民経済計算と，各自治体では異なる名称を用いている。県民経済計算は原則として都道府県レベルで比較するときに用いる統計である。

操作手順

❶　図表 12-2 の枠組みについては，実教出版 Web サイトからのダウンロードデータ（ファイル名「12 講_課題」）の「課題 1」，「図表 1」シートをそれぞれ利用する。

❷　都道府県別指標のデータをダウンロードする。県民経済計算は国民経済計算の地域版である。内閣府の【国民経済計算】のページ（https://www.esri.cao.go.jp/jp/sna/menu.html）を開き，右メニューの「その他の統計等」をクリックして【県民経済計算】に入る。そこから【統計データ一覧】をクリックし，統計表から最新年度の系列を選ぶ（ここでは「平成 23 年度－令和 2 年度」を選んでいる）。「1. 総括表」の【1. 県内総生産（生産側，名目）】をクリックして，ファイルをダウンロードする。

12-2　県内総生産の並べ替え　**147**

❸ 開いたファイルで「県内総生産（名目）」の最新年度のデータの値を，E3：E49 に貼り付ける。

❹ 【2.県内総生産（生産側，実質：連鎖方式）】のファイルをダウンロードし，「課題1」シートの F3：F49 に貼り付ける。連鎖方式は，実質化の一つの方法であるが，今回は複雑なことから説明を省く。

❺ 【9.総人口】のファイルをダウンロードし，「課題1」シートの H3：H49 に貼り付ける。

❻ 【5.県民所得】ファイルをダウンロードし，「課題1」シートの I3：I49 に貼り付ける。以上で，計算前の「課題1」シートを構成できる。

※ 図表 12-2 は，以上の作業を行った表である。

課題 ❷ 都道府県別指標の計算

図表 12-2（課題1の完成シート）の空欄（C 列，D 列，G 列，J 列）を埋め，図表 12-3 のように表を完成させなさい。

⑴ C 列と D 列については，XLOOKUP 関数を用いて地域ブロック番号と地域ブロック名を入力しなさい。

⑵ G 列にデフレーター，J 列に 1 人当たり県民所得を計算しなさい。

図表 12-3 完成された「課題1」シート（一部）

都道府県番号	都道府県名	地域ブロック番号	地域ブロック名	県内総生産（名目）	県内総生産（実質）	デフレーター	総人口	県民所得	1人当たりの県民所得
			単位	百万円	百万円		人	百万円	円
1	北海道	1	北海道・東北	19725624	19052384	103.5	5224614	14011490	2681823.0
2	青森県	1	北海道・東北	4456607	4341596	102.6	1237984	3259418	2632843.4
3	岩手県	1	北海道・東北	4747426	4656496	102.0	1210534	3227228	2665954.0
4	宮城県	1	北海道・東北	9485225	9264170	102.4	2301996	6452135	2802843.7
5	秋田県	1	北海道・東北	3530452	3473573	101.6	959502	2478173	2582770.0
6	山形県	1	北海道・東北	4284158	4265462	100.4	1068027	3036349	2842951.5

操作手順

◆都道府県を地域ブロックに分ける。

❶ セル C3 を選択し，［表示］タブ－［ウィンドウ］グループ－［ウィンドウ枠の固定］をクリックする。

❷ 名簿のようなリストがあって，それを頼りにデータを適切に分類するような場合がある。XLOOKUP 関数は，検索したい条件と一致するデータをリストから探し出す場合に便利な関数で，データを適切に分類する際にしばしば利用する。先に取り上げた図表 12-1 のような都道府県・地域ブロック対応表は，都道府県をいくつかの地域ブロックに対応させている。このようなリストがあって，はじめて XLOOKUP 関数はデータを適切に分類することができる。課題❷では XLOOKUP 関数を用いるため，都道府県と地域ブロックの関係を「図表1」シートとしてまとめる。

今回は，都道府県番号を頼りに「図表1」のリストから，地域ブロック番号や「北海道・

148 第 12 講 地域の経済指標を比較する

東北」といった地域ブロック名の欄を入力する。XLOOKUP 関数の場合，セル C3 を選択して［数式］タブ－［関数ライブラリ］グループ－［検索／行列］－XLOOKUP を選択する。

❸ ［検索値］を「A3」，［検索範囲］に「図表 1」シートの「A2：A48」を選んで F4 キーを押して絶対参照とし，［戻り範囲］を「図表 1」シートの「$C$2：$C$48」とする。「$A$2：$A$48」を探しに行って，見つかったら「$C$2：$C$48」の範囲から選んで表示するという意味である。［見つからない場合］は，検索しても見つからなかった場合ということである。何も設定せず何も見つからない場合は「#N/A」が表示される。今回は見つからないケースはないので空欄のままでよい。実務では，例えば何も表示したくない場合は「""」とする。あるいは「"見つからない"」などとしておくなどが考えられる。［一致モード］は空欄のままだと近似一致の 1 になる。しかし，近似一致は目的に合わなければ不便なため，完全一致の 0 を設定した方がよいケースが多いだろう。なお，VLOOKUP 関数を用いても同じ作業ができる。その場合，VLOOKUP（A3,図表 1!$A$2：$D$48,3, FALSE）となる。VLOOKUP 関数の場合，検索範囲として「図表 1」シートの A2：D48 から完全一致する検索値を探し，3 列目を表示するという指示になる。

❹ セル C3 の式を C4：C49 に貼り付ける。

❺ D 列も同様に XLOOKUP 関数で入力する。セル D3 を選択して XLOOKUP 関数を利用し，検索値を「A3」，検索範囲に「図表 1」シートの「A2：D48」を選んで絶対参照とし，戻り範囲に「$D$2：$D$48」，一致モードに「0」を設定して，［OK］をクリックする。

❻ セル D3 の式を D4：D49 に貼り付ける。

◆デフレーター，1 人当たり県民所得を計算する。 ……………………………………………………

❶ セル G3 を選択し，「＝E3/F3＊100」と入力する。デフレーターは，基準となる年を 100 として見やすい指数とするため，100 を掛けている。

❷ セル G3 の式を G4：G49 に貼り付ける。

❸ 1 人当たりの県民所得を求める。県民所得を総人口で割って求めるが，分母と分子の単位が異なっている。分子は百万単位なのでセル J3 を選択し，「＝I3/H3＊1000000」と入力する。セル J3 の式を J4：J49 に貼り付ける。

12-2 県内総生産の並べ替え **149**

課題 3 地域ブロック別指標の並べ替え

次の指示にしたがって、いくつかの指標で並べ替え操作をしなさい。

(1) 課題2までの作業を終えた「課題1」シートをコピーしてシート名を「課題3-1」とし、県内総生産（実質）を大きい順で並べ替えてランキングを作成しなさい。

(2) 「課題1」シートをもう一度コピーしてシート名を「課題3-2」とし、地域ブロック番号を最優先キーとし、次に優先されるキーに県内総生産（実質）を選び、地域ブロック番号は小さい順で、県内総生産は大きい順で並べ替えを行いなさい。

図表12-4 並べ替え後の「課題3-2」シート（一部）

	A	B	C	D	E	F	G	H	I	J
1				単位	百万円	百万円		人	百万円	円
2	都道府県番号	都道府県名	地域ブロック番号	地域ブロック名	県内総生産（名目）	県内総生産（実質）	デフレーター	総人口	県民所得	1人当たりの県民所得
3	1	北海道	1	北海道・東北	19725624	19052384	102.6	5224614	14011490	2681823.0
4	4	宮城県	1	北海道・東北	9485225	9264170	101.9	2301996	6452135	2802843.7
5	7	福島県	1	北海道・東北	7828577	7689451	103.6	1833152	5192935	2832790.2
6	3	岩手県	1	北海道・東北	4747426	4656496	102.1	1210534	3227228	2665954.0
7	2	青森県	1	北海道・東北	4456607	4341596	100.4	1237984	3259418	2632843.4
8	6	山形県	1	北海道・東北	4284158	4265462	101.5	1068027	3036349	2842951.5

操作手順

◆県内総生産（実質）を大きい順（降順）に並べる。

❶ 「課題1」シート名の上で右クリックし、［移動またはコピー］を選択し、［コピーを作成する］欄にチェックを入れ、「（末尾へ移動）」を選択し、［OK］をクリックする。「課題1」シートをコピーできたら、シート名の上で再度右クリックし、［名前の変更］でシート名を「課題3-1」に変える。

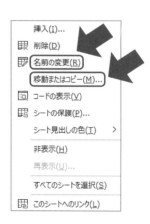
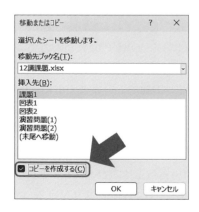

❷ セルに数式が入ったままだと、セルを操作する際にエラーが出たりするなどの影響がある。セルの値を固定するため、数式を取り除き、値のみを貼り付ける。C3:C49を選択し、コピーする。次に同じ範囲を選択し、［ホーム］タブ－［貼り付け］－［値の貼り付け］－

［値］をクリックする。同様に，D3：D49，G3：G49，J3：J49も値のみを貼り付ける。

❸　並べ替えの際に範囲の指定は絶対に間違えないようにしなければならない。

　A2：J49を選択し，［データ］タブ－［並べ替え］をクリックする。最優先されるキーを「県内総生産（実質）」，並べ替えのキーを「セルの値」，順序を「大きい順」とし，［先頭行をデータの見出しとして使用する］にチェックを入れ，［OK］をクリックする。

◆地域ブロック別に県内総生産（実質）を大きい順に並べる。

❶　二つの指標を利用して並べ替えを行う。ここで利用する方法は，複数の指標を利用する並べ替えに応用できる。先ほどと同じように「課題3-1」シートをコピーして，新しいシート名を「課題3-2」とする。

❷　地域ブロック別（北海道・東北…）に経済規模の大きさのランキングを見たい。その場合，地域ブロック別に並べ替えつつ，県内総生産（実質）でも並べ替える必要がある。

　A2：J49を選択し，［データ］タブ－［並べ替えとフィルター］グループの（並べ替え）をクリックする。［先頭行をデータの見出しとして使用する］にチェックを入れ，最優先されるキーを「地域ブロック番号」，並べ替えのキーを「セルの値」，順序を「小さい順」とし，次に［レベルの追加］を選ぶ。［次に優先されるキー］として，「県内総生産（実質）」，並べ替えのキーを「セルの値」，順序を「大きい順」として，［OK］をクリックする。

　すると，北海道，宮城県…という順番となり，北海道・東北のランキングの後に関東のランキングが続く。このように同順位がいくつか出てくることを想定して，複数の指標で並べ替えを行う場合，レベルの追加を利用する。

12−3 フィルターによる1人当たり県民所得の抽出

課題 4 フィルターによる地域指標の抽出

次の指示にしたがって，データを抽出しなさい。

(1)「課題3-1」シートをコピーしてシート名を「課題4-1」とし，フィルターを利用して，1人当たりの県民所得のトップ20に入る地域データ表を作りなさい。

(2)同様に「課題3-1」シートをコピーしてシート名を「課題4-2」とし，フィルターを利用して，1人当たりの県民所得について280万円より大きく400万円未満のデータを抜き出しなさい。

図表12-5　フィルター後の「課題4-1」シート（一部）

	A	B	C	D	E	F	G	H	I	J
1				単位	百万円	百万円		人	百万円	円
2	都道府県番号	都道府県名	地域ブロック番号	地域ブロック名	県内総生産（名目）	県内総生産（実質）	デフレーター	総人口	県民所得	1人当たりの県民所得
8	6	山形県	1	北海道・東北	4284158	4265462	101.5	1068027	3036349	2842951.5
10	8	茨城県	2	関東	13771281	13528996	103.5	2867009	8882258	3098092.1
11	9	栃木県	2	関東	8946482	8864314	102.1	1933146	6054511	3131947.1
12	10	群馬県	2	関東	8653495	8657928	100.2	1939110	5695425	2937133.5
13	11	埼玉県	2	関東	22922645	22633812	101.8	7344765	21228355	2890270.1
14	12	千葉県	2	関東	20775684	20053755	100.8	6284480	18774890	2987501.0
15	13	東京都	2	関東	109601589	106850365	101.4	14047594	73249471	5214378.4
16	14	神奈川県	2	関東	33905464	33264854	102.4	9237337	27354352	2961281.2

図表12-6　フィルター後の「課題4-2」シート（一部）

	A	B	C	D	E	F	G	H	I	J
1				単位	百万円	百万円		人	百万円	円
2	都道府県番号	都道府県名	地域ブロック番号	地域ブロック名	県内総生産（名目）	県内総生産（実質）	デフレーター	総人口	県民所得	1人当たりの県民所得
6	4	宮城県	1	北海道・東北	9485225	9264170	101.9	2301996	6452135	2802843.7
8	6	山形県	1	北海道・東北	4284158	4265462	101.5	1068027	3036349	2842951.5
9	7	福島県	1	北海道・東北	7828577	7689451	103.6	1833152	5192935	2832790.2
10	8	茨城県	2	関東	13771281	13528996	103.5	2867009	8882258	3098092.1
11	9	栃木県	2	関東	8946482	8864314	102.1	1933146	6054511	3131947.1
12	10	群馬県	2	関東	8653495	8657928	100.2	1939110	5695425	2937133.5
13	11	埼玉県	2	関東	22922645	22633812	101.8	7344765	21228355	2890270.1
14	12	千葉県	2	関東	20775684	20053755	100.8	6284480	18774890	2987501.0
16	14	神奈川県	2	関東	33905464	33264854	102.4	9237337	27354352	2961281.2

※　いずれもダウンロードしたデータの年度に応じて結果が変わるため，上図と同じになるとは限らない。

操作手順

◆1人当たり県民所得トップ20の抽出

❶　「課題3-1」シートをコピーし，新しいシート名を「課題4-1」とする。地域ブロック番号，地域ブロック名，デフレーター，1人当たり県民所得のデータは値コピーされ，数値になっていることを確認する。

❷　A2：J49を選択し，［ホーム］タブ－［編集］グループ－［並べ替えとフィルター］－［フィルター］を選択する。

❸　2行目の各項目にフィルターボタンが現れる。同じ操作を繰り返すと，フィルターが解除

152　第12講　地域の経済指標を比較する

される。

❹ J2の「1人当たりの県民所得」のフィルターボタンを押すと，「昇順」「降順」「色で並べ替え」「数値フィルター」「検索」が可能となる。「数値フィルター」の中に「トップテン」があるので，これを選択し，「上位」で「20」を指定すると，大きい順にトップ20が抽出される。大きい順に並ぶという意味ではなく，トップ20位以内を抽出したということである。

◆県民所得データの抽出と抽出データによるランキングの作成

❶ 再び「課題3-1」シートをコピーし，新しいシート名を「課題4-2」に変更する。
❷ フィルターはデータを範囲指定しても，列に含まれれば，すべて範囲に含まれてしまう。フィルターの設定はデータの前の領域で行うのが便利である。シートの2行目全体を選び，［データ］タブ−［並べ替えとフィルター］グループ−［フィルター］をクリックする。
❸ 「1人当たりの県民所得」のフィルターボタン▼をクリックして，［数値フィルター］−［ユーザー設定フィルター］を選択し，二つの欄に上から「2850000」「4000000」と入力する（上は「より大きい」，下は「より小さい」を選択）。「AND」は，「285万円より大きいデータで，しかも400万未満のデータを抽出しなさい」という意味である。ORは，「280万円より大きいデータもしくは400万未満のデータを抽出しなさい」という意味となる。今回はANDを用いる。すると，図表12-6が作成できる。

フィルター選択を解除する場合は，セットしたフィルターのすべてについてフィルターボタンをクリックして［すべて選択］にチェックを入れるか，［データ］タブ−［並べ替えとフィルター］グループ−［クリア］をクリックすればよい。

フィルターは，「トップテン」によるランキング作成や多様な抽出条件を設定可能である。以上のように多様な設定を利用して，データをさまざまな条件で抽出するときには役立つ。

12-4　RESASによる地域情報

　地域経済分析システム（RESAS）（https://resas.go.jp/）は，都道府県，市町村をはじめとした地域データの利活用を目的に政府が作成したWebサイトである。県民経済計算は速報性が弱いため，シンクタンクが推計した簡易速報データを使用している。【地域経済循環マップ】→【地域経済循環図】で県内総生産を見られる。「詳細を見る」をクリックすると，それぞれの内訳と詳しい説明が表示される。

図表12-7　地域経済循環図およびRESASマップ一覧

出所：上図　RESAS-地域経済循環マップ-地域経済循環図，2024年8月8日アクセス
　　　下図　内閣府（2024）「地域経済分析システム（RESAS）のデータ一覧〈ver.65〉」

　もし時間が許せば，RESASのWebサイトで任意の都道府県を選び，図表12-7のような地域経済循環図をExcelに張り付けてみよう。

演習問題

以下の指示にしたがって，表・グラフを完成させなさい。

（ファイル名「12 講_課題」－「演習問題（1）」シート，「演習問題（2）」シート）

⑴ 「演習問題（1）」シートのデータを利用して，東京都の県内総生産の金額および前年度比増減率の推移を 1 枚のグラフにまとめなさい。県内総生産（実質）金額は集合縦棒，経済成長率はマーカー付き折れ線グラフとし，作成したグラフは，新しいシートに移動して様式を整えて「図表 2」としなさい。

経済成長率＝前年度比増減率＝（t 年度県内総生産（実質）実額－（t-1）年度県内総生産（実質）実額）÷（t-1）年度県内総生産（実質）実額×100

⑵ 「演習問題（2）」シートのデータを利用して，大阪府の県内総生産の金額および前年度比増減率の推移を 1 枚のグラフにまとめなさい。県内総生産（実質）金額は集合縦棒，経済成長率はマーカー付き折れ線グラフとし，作成したグラフは，新しいシートに移動して様式を整えて「図表 3」としなさい。

⑶ 東京都，大阪府の県内総生産の金額の推移を 1 枚のグラフにまとめなさい。グラフは，集合縦棒とし，新しいシートに移動して様式を整えて「図表 4」としなさい。

〈演習問題シート(1)〉

▲	A	B	C	D
1	東京都			
2	単位	百万円	兆円	％
3		都内総生産(実質)金額	都内総生産(実質)金額	経済成長率
4	1955	7347402	7.3	
5	56	7989295	8.0	
6	57	8611185	8.6	
7	58	9413584	9.4	
8	59	9749351	9.7	
9	60	10808141	10.8	
10	61	12758694	12.8	
11	62	13795200	13.8	
12	63	15020641	15.0	
13	64	16368706	16.4	
14	65	16876739	16.9	
15	66	18529675	18.5	
16	67	20522928	20.5	
17	68	22841781	22.8	
18	69	25519413	25.5	
19	70	27909400	27.9	
20	71	29409007	29.4	
21	72	32989648	33.0	
22	73	34732613	34.7	
23	74	33314847	33.3	

〈演習問題シート(2)〉

▲	A	B	C	D
1	大阪府			
2	単位	百万円	兆円	
3		府内総生産(実質)金額	府内総生産(実質)金額	経済成長率
4	1955	664951	0.7	
5	56	758787	0.8	
6	57	874028	0.9	
7	58	1002014	1.0	
8	59	1154772	1.2	
9	60	1400566	1.4	
10	61	1715934	1.7	
11	62	2035505	2.0	
12	63	2444413	2.4	
13	64	2802991	2.8	
14	65	3211660	3.2	
15	66	3781787	3.8	
16	67	4509470	4.5	
17	68	5286318	5.3	
18	69	6307745	6.3	
19	70	7522460	7.5	
20	71	8006189	8.0	
21	72	9514131	9.5	
22	73	12172656	12.2	
23	74	13765216	13.8	

12-4　RESAS による地域情報　**155**

図表 12-8 東京都の経済成長の推移グラフ

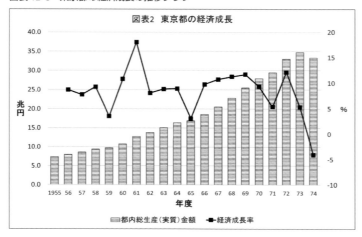

図表 12-9 大阪府の経済成長の推移グラフ

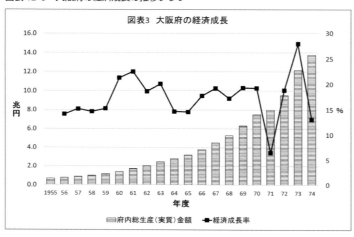

図表 12-10 東京都，大阪府の経済規模比較

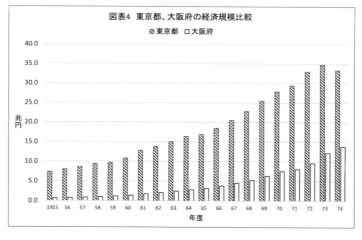

156　第12講　地域の経済指標を比較する

第13講 個票データを集計する

レクチャーポイント

❶実収入と消費支出から貯蓄，貯蓄率を導出
❷年間収入階級を設定し，縦棒グラフで階級別の世帯数を把握
❸散布図から年間収入と消費との関係を把握
❹個票データから集計表の作成

スキルチェック

❶IF 関数と IFS 関数の使い方
❷VLOOKUP 関数
❸MAX 関数，MIN 関数，COUNTIF 関数の利用
❹ピボットテーブル，ピボットグラフの利用

13-1 個票データの集計

13-1-1 統計調査・アンケートと個票との関係

統計やアンケートで，調査機関が配布した用紙に回答した結果は，ファイル化され，**個票データ**として厳重に管理される。通常，アンケートや統計調査において情報が公開される際には，平均などの集計値だけが公表され，個票データ自体は非公開となる。個票データに対して，平均や合計などの加工が施されて公表されるデータを**集計データ**と呼ぶ。まれに研究など公共性のある目的で，個票データが利用可能なケースもある。ただし，一般的には個票データであっても匿名化処理がなされ，回答者が特定されないように一定の配慮がされる。国の作成した統計の個票データは個人情報の塊であるので，統計法で個票データ利用者に対する義務と罰則が設けられている。

本講では，個票データを用いた分析を Excel で行う。個票データといっても，実際のデータは教育目的であっても公表は認められていないため，統計調査で回答した個票データに似せた教育用ミクロデータ（擬似個票データ）を利用して，個票を用いた場合の分析の手法を学ぶ。

13-1-2 全国家計構造調査（旧全国消費実態調査）の教育用ミクロデータ

個票データは，P.159 図表 13-1 の「課題 1」シートのようなファイル構成をしている。こうしたデータを用いた分析を行う場合，項目の詳しい説明のため，必ず P.159 図表 13-2 のような符号表が用いられる。図表 13-1 では，性別欄に「1」，「2」と入力されているが，このままでは何を指すかわからない。そこで，図表 13-2 を見ると，「1」が男性で，「2」が女性とわかる。これは二択なので多少推察がつくが，年齢階級となると，符号表なしでは理解できない。個票データを利用する場合，符号表と照らし合わせながら，作業をしていく必要がある。

全国家計構造調査（旧全国消費実態調査）は，日本国内のほとんどの世帯が対象であるが，今回利用するデータは単身世帯である。男性もしくは女性が一人で生活している状況で，家計簿を記録してもらい，その結果を我々が分析するという想定である。単身の場合，学生で寮生活をしていた

13-1 個票データの集計 **157**

り社会人で独身を続けているケース，家族と別居していたり単身赴任していたりするケース，配偶者に先立たれたケースなどがあり得る。一軒の家があれば，その家には必ずその家特有の人生と生活があるわけで，情報に対して十分に敬意を払いつつ，分析をすることが求められる。以下は，本講の課題で用いられる項目の説明である。

・実収入…現金での収入がすべて含まれる。ここでは現物所得はないことを仮定している。
・消費支出…その世帯が使うすべての消費金額が含まれる。現物支出はないことを仮定している。
・貯蓄現在高…現金，預金，貯蓄型の保険など，すべての貯蓄が含まれる。
・負債現在高…住宅などのローン，奨学金，借金はすべてここに含まれる。
・貯蓄…「実収入－消費支出」として求める。貯蓄を通じてその世帯の余裕の程度を見る。
　　※　本来は，「非消費支出」という，税金や社会保険料の支払い部分も実収入から控除しておく必要があるのだが，本講の課題では非消費支出＝0という仮定を置いて単純化している。
・エンゲル係数…「食料（費）÷消費支出」として求められる指数である。所得が低くても食料費は減らしにくいので，エンゲル係数は高くなりがちとなる。しかし，高所得でもエンゲル係数が高い世帯もあるだろうから，エンゲル係数だけで生活水準を直ちに判断することはできないが，その世帯の生活水準を推し測る上で重要な指標となる。
・貯蓄率…今回は100世帯の擬似データを利用して分析するので，日本を代表する指標値とはいえないが，一般に一国全体の貯蓄率は集計値として重視される。貯蓄は，最終的に預金や株式といった金融商品の購入に向かう。

　過去実施された「全国消費実態調査」は，家計における消費，所得，資産，負債の実態を総合的に把握する調査であるが，2019年に全面的に見直しをして「全国家計構造調査」に改称された。「全国家計構造調査」については，【総務省統計局】のトップページ－【統計調査・統計データを探す，調べる】－【全国家計構造調査】で，調査の概要と結果について知ることができる。ここでは，「全国家計構造調査」の教育用ミクロデータ（本調査に近い集計結果が得られるように作った擬似データ）を用いる。今回のデータは，「平成16年（2004年）全国消費実態調査」の調査結果に近い疑似データから単身世帯（統計用語では一人暮らしのこと）を抜き出したものである。

課題 1 世帯全体の状況を把握する

　図表13-1（「課題1」シート）は，家計簿を単身世帯ごとにまとめた個票データの抜粋である。世帯属性は図表13-2（「図表1」シート）にまとめられており，これを符号表という。「課題1」シートについて，次の指示にしたがって完成させなさい。なお，データは実教出版のWebサイトからダウンロードする。　　　　　　　　　　（ファイル名「13講_課題」）
(1)　各世帯の貯蓄を求めなさい。
(2)　消費支出に占める食料（の金額）をエンゲル係数として計算しなさい。
(3)　実収入と消費支出の合計値から全体の貯蓄率を求めなさい。
(4)　世帯平均値を求めなさい。
(5)　年間収入，実収入，消費支出，貯蓄現在高，負債現在高の最大値と最小値を求めなさい。

158　第13講　個票データを集計する

図表 13-1　個票データ（「課題 1」シート）

	A	B	C	D	E	F	G	H	I	J	K	L	M	N	O	P
1	世帯番号	性別	年齢階級	職業符号	年間収入	実収入	消費支出	食料	住居	光熱・水道	交通・通信	その他の消費支出	貯蓄現在高	負債現在高	貯蓄	エンゲル係数
2	1	1	2	2	253	198408	94632	31482	0	7883	14281	40986	184	334		
3	2	2	5	2	588	394455	265093	51373	500	5442	56240	151538	913	109		
4	3	2	11	5	218	187883	151511	43077	0	10340	14366	83728	1333	6		
5	4	2	2	2	342	245806	150637	31399	22775	9262	24628	62573	218	69		
6	5	1	3	2	312	264430	167154	36410	28476	7356	22825	72087	639	5		

▶全国家計構造調査

　家計簿の統計調査は日本に 3 つある（家計調査，全国家計構造調査，家計消費状況調査）。全国家計構造調査には単身者向けに全国単身世帯収支実態調査という調査が付属しているが，大きく分けると 3 つとなる。第 6 講では家計調査を利用して，寄与度という概念を学んだ。本講で利用する全国家計実態調査（旧全国消費実態調査）は，この家計調査の大規模版である。5 年に 1 度，10 月〜11 月までの 2 か月間選ばれた 6 万弱の世帯が家計簿をつけて調査に回答する。世帯の構成といった個人情報，世帯の収入，消費，貯蓄，負債を調べ，集計データを公表する。

図表 13-2　符号票（「図表 1」シート）（一部省略）

	A	B	C	D
1	列番号	項目名	符号	符号内容
2	1	世帯人員		人
3	2	性別	1	男
4			2	女
5	3	年齢15歳階級	1	15〜19歳
6			2	20〜24歳
7			3	25〜29歳
8			4	30〜34歳
9			5	35〜39歳
10			6	40〜44歳
11			7	45〜49歳
12			8	50〜54歳
13			9	55〜59歳
14			10	60〜64歳
15			11	65〜69歳
16			12	70〜74歳
17			13	75〜79歳
18			14	80〜84歳
19			15	85歳以上

※　年齢 15 歳階級は，以下「年齢　階級」と略表記する。

操作手順

◆**各世帯の貯蓄を求める。**

❶　ダウンロードしたデータファイル（ファイル名「13 講_課題」）を使用する。個票データは，データファイルの「課題 1」シートに，そして符号表は「図表 1」シートに収録されている。

❷　「課題 1」シートで，画面をスクロールしても項目名が見えるようにカーソルをセル A2 に置き，［表示］タブ−［ウィンドウ］グループ−［ウィンドウ枠の固定］を選択する。

❸　各世帯の貯蓄を求める。セル O2 を選択し，「＝F2−G2」と数式を入力する。

❹　セル O2 をコピーし，O3：O101 に数式を貼りつける。

◆**エンゲル係数を求める。**

❶　エンゲル係数は，食料の消費支出に対する割合である。セル P2 を選択し，「＝H2/G2＊100」と数式を入力する。

❷　セル P2 をコピーし，P3：P101 に数式を貼り付ける。

◆**世帯平均値を求める。**

❶　102 行目は世帯平均値を求める欄である。セル E102 を選択して，［数式］タブ−［関数ライブラリ］グループ−［オート SUM］−［平均］を選択し，年間収入の平均値を求める。

13-1　個票データの集計　**159**

❷　同様に，「実収入」「消費支出」「食料」「住居」「光熱・水道」「交通・通信」「その他の消費支出」「貯蓄現在高」「負債現在高」「貯蓄」「エンゲル係数」のそれぞれについて，102 行目の F102：P102 まで❶と同じ手順で平均値を求める。

◆貯蓄率を求める。 ··

❶　セル S5 とセル T5 は，それぞれ実収入，消費支出の合計である。セル S5 を選択して，［数式］タブ－［関数ライブラリ］グループ－［オート SUM］を選択し，F2：F101 を範囲とする。

❷　同様にセル T5 を選択し，G2：G101 を範囲とする。

❸　セル U5 を選択し，「＝(S5-T5)/T5＊100」と数式を入力する。

※　貯蓄率自体は簡単に得られるが，こうした指標を通じて個別家計の状況を推し量るということが分析者に求められる。たとえば，この 100 世帯の貯蓄率は 10% を超えている。貯蓄率の数値は，過去に高かったことが知られていて，近年次第に下がってきている。日本人の勤勉さが下がっているというよりも，少子化によって教育費の積み立てが必要なくなってきているほか，国・企業による社会福祉制度や福利厚生の存在が，貯蓄する必然性を低くしている。また，単身者だから教育資金は必要ないということはないだろう。100 世帯には，単身赴任者や離婚後に慰謝料を払っているとか，何らかの事情で家族と別居しているケースも少なからず含まれる。社会政策は便益を受ける人と不利益を被る人がいる。

　結果を考えずに意見を主張することは無責任なことである。こうした各世帯の実態を知り，社会で提起されている意見が彼らにどんな影響を与えて，不利益を被る人々がきちんと生きていける主張がなされているか，よく確認するということは大変重要である。

◆実収入・消費支出などの最大値と最小値を求める。 ···

❶　年間収入の最大値を求める。セル S9 を選択し，［数式］タブ－［関数ライブラリ］グループ－［オート SUM］－［最大値］をクリックし，E2：E101 を範囲として年間収入最大値を求める。なお，データのうち年間収入，貯蓄現在高，負債現在高は万円単位である。

※　最大値を求める際に利用する MAX 関数は，文字列，空白セルを無視する。文字列も含めて最大値を求める場合は，MAXA 関数を用いる。

※　MAX 関数は，数値 1 と数値 2 を入力できるようになっており，数値 2 は，範囲とは別に何か任意の数値を入れて最大値を調べるといったケースで利用する。数値を入れなくても計算できるし，通常「数値 2」は利用しないことが多い。

❷　同様に［オート SUM］－［最大値］を利用して「実収入」「消費支出」「貯蓄現在高」「負債現在高」の最大値をそれぞれ T9：W9 に求める。

❸　年間収入の最小値を求める。セル S10 を選択して，［数式］タブ－［関数ライブラリ］グループ－［オート SUM］－［最小値］をクリックし，範囲に E2：E101 を指定して，年間収入最小値を求める。

※　最小値を求める際に利用する MIN 関数は，文字列，空白セルを無視する。文字列も含めて最小値を求める場合は，MINA 関数を用いる。

❹　同様に［オート SUM］－［最小値］を利用して，「実収入」「消費支出」「貯蓄現在高」「負債現在高」の最小値をそれぞれ T10：W10 まで求める。

160　第 13 講　個票データを集計する

13-2 IF 関数・IFS 関数を用いたグルーピング

　年間収入のような項目は，数値そのままで見るよりも階級で見る方が，より分析しやすい。そこで，そういった項目は別に階級値を設定する。階級は，分析目的に応じて任意に設定する必要がある。ここでは，150 万円未満，（150 万円以上）300 万円未満，（300 万円以上）500 万円未満，500 万円以上という 4 階級で分析する。階級を分ける際に，IF 関数，IFS 関数，VLOOKUP 関数が利用される。VLOOKUP 関数は，第 12 講で利用した関数である。

　IF 関数は，論理式の結果に応じて，指定された値を返す論理関数である。IF 関数は，ある論理式に応じて，真の場合と偽の場合で二つの処理を指示することができる。

　　IF（論理式，真の場合の処理，偽の場合の処理）

　論理式には，＝，＞，≧，＜，≦といった比較演算子を使用する。たとえば，「あるセルの値が 10 よりも小さければ 1 とし，10 よりも大きければ 2 と入力しなさい」などと指示をすることができる。2 種類を超える数種類の処理を行う時には，IFS 関数を使う。IF 関数を何度も利用して複数の処理を指示することもできるが，式が大変複雑になるため，こうしたケースで IF 関数は利用されない。この IFS 関数の機能を利用して，以降では年間収入の大きさを等級に分けて，個票を各等級に仕訳してグルーピングを行う。

課題 2 ー世帯属性名を割り振るー

　図表 13-3 は，作業前の「課題 2」シートである。以下の指示にしたがって，「課題 2」シートを完成させ，グラフを作成しなさい。

(1) 男女，年間収入階級番号について，IF 関数と IFS 関数で分類し，表示しなさい。

(2) 年齢階級名，職業名，年間収入階級名について VLOOKUP 関数を利用して表示しなさい。

(3) 年間収入階級ごとに該当する世帯数を求め，縦棒グラフを作成しなさい。

図表 13-3　作業前「課題 2」シート

世帯番号	性別	男女	年齢階級	年齢階級名	職業符号	職業名	年間収入	年間収入階級番号	年間収入階級名	実収入	消費支出	食料	住居	光熱・水道	交通・通信	その他の消費支出	貯蓄現在高	負債現在高
1	1		2		2		253			198408	94632	31482	0	7883	14281	40986	184	334
2	2		5		2		588			394455	265093	51373	500	5442	56240	151538	913	109
3	2		11		5		218			187883	151511	43077	0	10340	14366	83728	1333	6
4	2		2		2		342			245806	150637	31399	22775	9262	24628	62573	218	69
5	1		3		2		312			264430	167154	36410	28476	7356	22825	72087	639	5
6	2		10		5		210			171372	175478	35148	40000	10659	11594	78077	1431	0

図表 13-4　作業後「課題 2」シート

世帯番号	性別	男女	年齢階級	年齢階級名	職業符号	職業名	年間収入	年間収入階級番号	年間収入階級名	実収入	消費支出	食料	住居	光熱・水道	交通・通信	その他の消費支出	貯蓄現在高	負債現在高
1	1	男	2	20〜24歳	2	民間職員	253	2	300万円未満	198408	94632	31482	0	7883	14281	40986	184	334
2	2	女	5	35〜39歳	2	民間職員	588	4	500万円以上	394455	265093	51373	500	5442	56240	151538	913	109
3	2	女	11	65〜69歳	5	無職	218	2	300万円未満	187883	151511	43077	0	10340	14366	83728	1333	6
4	2	女	2	20〜24歳	2	民間職員	342	3	500万円未満	245806	150637	31399	22775	9262	24628	62573	218	69
5	1	男	3	25〜29歳	2	民間職員	312	3	500万円未満	264430	167154	36410	28476	7356	22825	72087	639	5
6	2	女	10	60〜64歳	5	無職	210	2	300万円未満	171372	175478	35148	40000	10659	11594	78077	1431	0

操作手順

◆男女と年間収入階級を求める。

❶ 男女の表示は，IF 関数を利用する。「課題2」シートのセル C2 を選択し，［数式］タブ－［関数ライブラリ］グループ－［論理］－「IF」をクリックする。［関数の引数］ダイアログボックスで，論理式に「B2＝1」，値が真の場合に，「"男"」，値が偽の場合に「"女"」と入力する。

" "は，ダブルコーテーションという。この記号に囲まれた領域は，全角などの文字を入力することができて，ダブルコーテーションに囲まれた文字を表示してくれる。「"男"」の場合，「"男"と表示しなさい」という意味になる。つまり，ここで入力した IF 関数は，「B2 が1であれば，"男"と表示し，1でなければ"女"と表示しなさい」という意味になる。

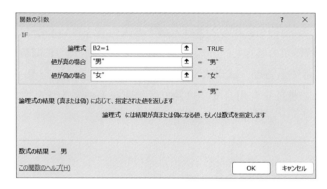

❷ セル C2 をコピーし，C3：C101 に数式を貼り付ける。

❸ 年間収入階級番号は，IFS 関数を利用する。セル I2 を選択し，［数式］タブ－［関数ライブラリ］グループ－［論理］－［IFS］を選択する。［関数の引数］ダイアログボックスで，論理式1に「H2＜150」，値が真の場合1に「1」，論理式2に「H2＜300」，値が真の場合2に「2」，論理式3に「H2＜500」，値が真の場合3に「3」，論理式4に「TRUE」，値が真の場合4に「4」と順に入力する。最終的に次の数式となる。

＝IFS（H2＜150,1,H2＜300,2,H2＜500,3,TRUE,4）

これは，「H2＜150 の場合は1を代入し，H2＜300 の場合は2を代入し，H2＜500 の場合は3を代入し，それ以外は TRUE として4を代入しなさい。」という意味になる。

同じことを IF 関数で行うこともできるが，次の数式のように一つの数式に複数の関数を入れる入れ子状の設定となるため，IFS 関数が便利だと理解いただけよう。

＝IF（H2＜150,1,IF（H2＜300,2,IF（H2＜500,3,4）））

❹ セル I2 をコピーし，I3：I101 に数式を貼り付ける。

◆年間収入階級名，年齢階級名，職業名を求める。

❶ VLOOKUP関数で年間収入階級名を求める。「課題2」シートのセルJ2を選択して，［数式］タブ－［関数ライブラリ］グループ－［検索/行列］－「VLOOKUP」をクリックする。［関数の引数］ダイアログボックスで，検索値を「I2」，範囲に「U10：V13」を選んで F4 キーを押して絶対参照にし，列番号を「2」，検索方法を「FALSE」と入力して［OK］をクリックする。

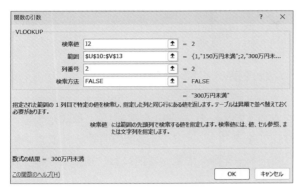

図表13-5 年間収入階級区分一覧（「課題2」シート内）

	年間収入階級
1	150万円未満
2	300万円未満
3	500万円未満
4	500万円以上

❷ セルJ2をコピーし，J3：J101に数式を貼り付ける。

❸ 「図表2」シートを利用し，VLOOKUP関数で年齢階級名を求める。「課題2」シートのセルE2を選択し，［数式］タブ－［関数ライブラリ］グループ－［検索/行列］－「VLOOKUP」をクリックする。［関数の引数］ダイアログボックスで，検索値に「D2」，範囲に「図表2」シートのA2：B16を選択し，F4 キーを押して絶対参照とする。列番号は，「図表2」シートの2列目を表示したいので，「2」，検索方法に「FALSE」と入力して［OK］をクリックする。

※ セルE2の設定「＝VLOOKUP（D2，図表2!$A$2:$B$16, 2, FALSE）」

❹ セルE2をコピーし，E3：E101に数式を貼り付ける。

図表13-6 年齢階級区分一覧（「図表2」シート）

	A	B
1	年齢階級	
2	1	15～19歳
3	2	20～24歳
4	3	25～29歳
5	4	30～34歳
6	5	35～39歳
7	6	40～44歳
8	7	45～49歳
9	8	50～54歳
10	9	55～59歳
11	10	60～64歳
12	11	65～69歳
13	12	70～74歳
14	13	75～79歳
15	14	80～84歳
16	15	85歳以上

❺ 「図表3」シートを利用し，VLOOKUP関数で職業名を求める。セルG2を選択し，［数式］タブ－［関数ライブラリ］グループ－［検索/行列］－「VLOOKUP」をクリックする。［関数の引数］ダイアログボックスで，検索値を「F2」，範囲を「図表3」シートのA2：B7として F4 キーを押して絶対参照とし，列番号を「2」とし，検索方法に「FALSE」と入力して［OK］をクリックする。

※ セルG2の設定「＝VLOOKUP（F2，図表3!$A$2:$B$7, 2, FALSE）」

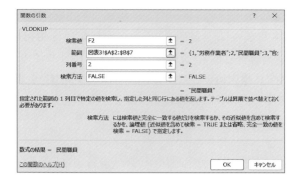

図表 13-7　職業区分一覧
（「図表3」シート）

	A	B
1		職業符号
2	1	労務作業者
3	2	民間職員
4	3	官公職員
5	4	その他
6	5	無職
7	6	家族従業者

❻　セル G2 をコピーし，G3：G101 に数式を貼り付ける。

◆年間収入階級別の該当世帯数を求める。

❶　年間収入階級別の該当世帯数欄を求めるため，セル W10 を選択し，［数式］タブ－［その他の関数］－［統計］－「COUNTIF」をクリックする。［関数の引数］ダイアログボックスで，範囲に「I2：I101」を選んで F4 キーを押して絶対参照にし，検索条件に「U10」を指定して，［OK］をクリックする。

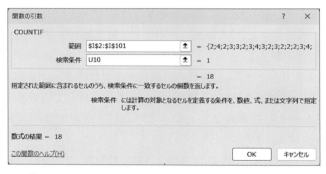

❷　セル W10 をコピーし，W11：W13 に数式を貼り付ける。
❸　V9：W13 を選択し，［挿入］タブ－［グラフ］グループ－ －［2-D 縦棒］の「集合縦棒」を選択する。
❹　グラフを新規シートに移し，シート名を「図表4」とし，以下に示す図表 13-8 のように体裁を整える。

図表 13-8　年間収入階級別世帯数をまとめた縦棒グラフの作成

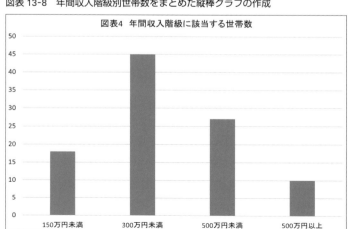

課題 3 個票の集計

課題2で作成したデータを用い，図表13-9を参考に個票データを集計して男女別年齢階級別消費支出の平均額をピボットテーブルを利用して求め，シート名を「図表5」としなさい。次に図表13-10と図表13-11を参考に職業別消費支出をピボットグラフにまとめ，シート名を「図表6」としなさい。

図表13-9 性別年齢階級別消費支出額（「図表5」シート）

	A	B
3	行ラベル	平均 / 消費支出
4	⊟女	164182
5	15～19歳	113286
6	20～24歳	149625
7	25～29歳	110778
8	35～39歳	220499
9	40～44歳	239473
10	45～49歳	110196
11	50～54歳	115061
12	55～59歳	206531
13	60～64歳	141971
14	65～69歳	176113
15	70～74歳	142052
16	75～79歳	192068
17	80～84歳	186258
18	85歳以上	144512
19	⊟男	167803
20	15～19歳	91103
21	20～24歳	128645
22	25～29歳	179336
23	30～34歳	267837
24	35～39歳	188745
25	45～49歳	177337
26	50～54歳	130359
27	55～59歳	147600
28	60～64歳	52280
29	65～69歳	252755
30	70～74歳	236273
31	75～79歳	162403
32	80～84歳	108754
33	総計	165341

図表13-10 職業別消費支出（「図表6」シート内 その1）

図表13-11 職業別消費支出（「図表6」シート内 その2）

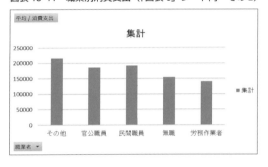

操作手順

◆事前準備

❶ ピボットテーブルなどの操作を行う前にデータを整理する。VLOOKUP関数などセルに数式が入ったままだと，セルを操作する際にエラーが出るなどの影響があるので，数式を取り除き値のみとする。ここでは「課題2」シートのC列，E列，G列，I列，J列の2～101行目までそれぞれコピーして，値のみを同じ箇所に貼り付ける。

❷ 作業後の「課題2」シートのシート名で右クリックし，［移動またはコピー］をクリックする。［コピーを作成する］にチェックを入れて，［OK］をクリックする。

❸ 新しくコピーしたシート名で右クリックし，［名前の変更］を選び，シート名を「課題3」に変更する。

❹ 作業後の「課題3」シートから性別の列，年齢階級の列，職業符号の列（最初のB・D・F列）をそれぞれ選択して削除する。この三つの列があると，以降のピボットテーブルがうまく表示されないので，必ず削除する。

13-2 IF関数・IFS関数を用いたグルーピング

◆男女別年齢階級別消費支出を求める。

❶ 「課題3」シートのA1：P101を選択し，[挿入]タブ－[テーブル]グループ－[ピボットテーブル]をクリックする。以下のようなダイアログボックスが表示されるので，そのまま[OK]をクリックする。

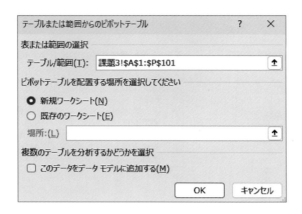

❷ 新しくできたシート名の上で右クリックして，シート名を「図表5」に変更する。

❸ [ピボットテーブルのフィールド]作業ウィンドウ上段で，「男女」「年齢階級名」「消費支出」の順にチェックを入れる。下段の行ラベルに「男女」と「年齢階級名」，値に「消費支出」が割り振られていることを確認する。誤った欄にある項目もドラッグすれば，自由に移動させることができる。

❹ 下段で「合計／消費支出」欄をクリックし，[値フィールドの設定]をクリックし，[平均]を選んで[OK]をクリックする。

❺ 画面の左側にピボットテーブルが作成される。B4：B33の小数点以下を表示しないように設定する。B4：B33を選択し，[ホーム]タブ－[数値]グループ－（小数点以下の表示桁数を減らす）を何度かクリックして，小数点を表示させないようにする。

　これで図表13-9が作成できる。このように，ピボットテーブルでは男女別年齢階級別消

費支出のように二つ以上の属性別の表を作成することもできる。男女別表を作成すると，女性が先に出てくる表となる。

◆**職業別消費支出を求める。**

❶ 先ほど作成した，「課題3」シートのA1：P101を選択し，［挿入］タブ－［グラフ］グループ－［ピボットグラフ］－［ピボットグラフとピボットテーブル］をクリックする。［ピボットテーブルの作成］ダイアログボックスが表示されるので，そのまま［OK］をクリックする。

❷ 新しくシートができたら，シート名を「図表6」に変更する。

❸ ［ピボットテーブルのフィールド］作業ウィンドウ上段で，「職業名」「消費支出」にチェックを入れる。

❹ 先ほどと同じように下段で「合計／消費支出」欄をクリックし，［値フィールドの設定］をクリックし，「平均」を選んで［OK］をクリックする。

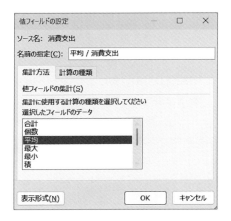

❺ 先ほどと同じように小数点以下の表示桁数を減らし，整数表示にする。

これで図表13-10および図表13-11が作成できる。

演習問題

1. 図表 13-12 を参考にして,「課題 1」シート 102 行目の平均値を利用して消費支出の内訳を円グラフにまとめ,シート名を「図表 7」としなさい。
2. 図表 13-13 を参考にして,「課題 1」シート F 列と G 列を利用して実収入と消費支出に関する散布図を作成し,シート名を「図表 8」としなさい。
3. 図表 13-14 と 13-15 を参考にして,「課題 3」シートに基づいてピボットグラフを用いて男女別年間収入階級別消費支出(平均額)表とそのグラフを作成し,シート名を「図表 9」としなさい。
※ 年間収入の階級で 500 万円未満が 500 万円以上よりも後に出てくるが,表に誤りがあるわけではないので,そのままとする。
4. 「演習問題」シートは 100 世帯の内訳をまとめたものである。COUNTIF 関数を利用して世帯数を集計しなさい。D3,D5,D20 の計算式を D4,D6:D19,D21:D25 にそれぞれコピーすると効率よく計算できる。

   D3 = COUNTIF(課題 2!$B$2:$B$101, B3)
   D5 = COUNTIF(課題 2!$D$2:$D$101, B5)
   D20 = COUNTIF(課題 2!$F$2:$F$101, B20)

図表 13-12 消費支出の内訳グラフ(「図表 7」シート)

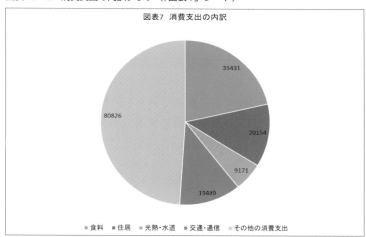

図表 13-13　実収入と消費の関係（「図表8」シート）

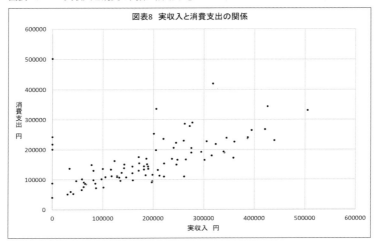

図表 13-14　男女別年間収入階級別消費支出　その1（「図表9」シート）

	A	B
3	行ラベル	平均 / 消費支出
4	⊟女	164182
5	150万円未満	81621
6	300万円未満	131760
7	500万円以上	275356
8	500万円未満	255009
9	⊟男	167803
10	150万円未満	82785
11	300万円未満	133163
12	500万円以上	290015
13	500万円未満	196385
14	総計	165341

図表 13-15　男女別年間収入階級別消費支出　その2（「図表9」シート）

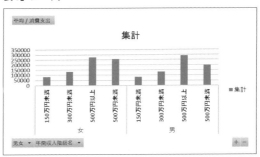

図表 13-16　100世帯の内訳（「演習問題」シート）

	A	B	C	D
1		100世帯内訳		
2				世帯数
3		1	男性	32
4		2	女性	68
5		1	15〜19歳	2
6		2	20〜24歳	9
7		3	25〜29歳	9
8		4	30〜34歳	1
9		5	35〜39歳	9
10		6	40〜44歳	1
11		7	45〜49歳	3
12		8	50〜54歳	6
13		9	55〜59歳	6
14		10	60〜64歳	9
15		11	65〜69歳	16
16		12	70〜74歳	15
17		13	75〜79歳	7
18		14	80〜84歳	6
19		15	85歳以上	1
20		1	労務作業者	15
21		2	民間職員	16
22		3	官公職員	10
23		4	その他	6
24		5	無職	53
25		6	家族従業者	0

索引 INDEX

■ 関数

AVERAGE	39/45
COUNT	45/87
FREQUENCY	88
GEOMEAN	131
HARMEAN	105
IF	161
IFS	161
LOG	113
MAX	45/87
MAXA	160
MEDIAN	45/87
MID	45
MIN	45/87
MINA	160
QUARTILE. INC	87
RANK. EQ	45
ROUNDUP	113
STDEV. P	97/98
SUM	38/45
VAR. P	97/98
VLOOKUP	46/146
XLOOKUP	146/148

■ A−Z

B/S	62
CiNii Research	13/14
Cookie	19
Copilot	11
EDINET	13
e-Stat	12/15
GIS	15
Google ブックス	13
Google Scholar	13
jSTAT MAP	15/16
OECD	85
P/L	63
RESAS	154
ROE	65
ROI	65
ROS	65
SNS	20
Wikipedia	21

■ あ

アイコン	8
朝日新聞デジタル	13
アニメーション	54
安全性	64
印刷	30/58
売上高経常利益率	65/67
売上高利益率	65
営業利益	63
円グラフ	80
エンゲル係数	158
オート SUM	39
オートフィル機能	37
折れ線グラフ	42

■ か

海外金利	139
階級	85
外国為替	133
外国為替レート	133/139
外国通貨建て	133
家計調査	74
貸方	63
貸出金利	116
下線	28
カーソル	24
株価指数	126
借入金利	116
借入残高	116
借方	63
元金	108/111
元金均等返済法	116
関数の挿入	35
元利均等返済法	116
元利合計	108
期間	111
企業物価指数	123

起動 ……………………………8	散布図 ……………………………131
基本統計量 ……………………101	時価総額方式 …………………126
脚注……………………………29	直物為替 ………………………140
キャプチャ……………………56	軸目盛の反転 …………………138
寄与度 ………………………73/79	自己資本純利益率 …………65/67
寄与率…………………………73	自己資本比率 ………………64/67
金融商品取引法に基づく有価証券報告書等の開	資産 ……………………………62
示書類に関する電子開示システム …………13	指数 ……………………………124
金利計算 ………………………108	実質為替レート ………………133
クラス…………………………85	実質実効為替レート …………134
グラフシート…………………34	実質値 ………………………129/144
グラフタイトル………………40	実収入 …………………………158
グループ………………………10	資本 ……………………………62
経済協力開発機構……………85	斜体 ……………………………28
経済産業省……………………12	収益 ……………………………63
経常利益………………………63	収益性 …………………………64
罫線……………………………40	集計データ ……………………157
桁区切りスタイル……………39	集合縦棒グラフ…………………68
県内総生産 ……………………144	純資産 …………………………62
県民所得 ………………………145	商業動態統計……………………36
構成比 ………………………72/80	肖像権 …………………………20
厚生労働省……………………12	消費支出 ………………………158
国内総生産 …………………85/87	消費者物価指数 ……………121/124
国民生活基礎調査 ……………104	将来価値 ………………………114
国立国会図書館………………13	数式ツール ……………………31
個人情報 ……………………19/22	数式バー ………………………35
個人情報保護法………………19	スクロールバー ………………24
個票データ ……………………157	ズーム…………………………24
固定基準方式 …………………124	スライドデザイン ……………53
固定金利 ………………………116	スワップ ………………………140
個別指数 ………………………124	正規分布 ………………………101
コマンドボタン………………10	税引前当期純利益………………63
コンピュータウイルス………20	政府統計の総合窓口 ………12/15
■ さ	セキュリティ…………………19
最小値…………………………87	絶対参照………………………77
最大値…………………………87	セル……………………………35
最頻値…………………………96	セルの書式設定…………………35
財務諸表………………………62	全国家計構造調査 ……………159
財務比率………………………64	尖度 ……………………………101
先物為替 ………………………140	相加平均…………………………96
産出 ……………………………144	増減率 ………………………72/79

総合指数	124	東京大学 OPAC	13
総資本営業利益率	65/67	当座比率	64/67
相乗平均	96	度数	86/88
相対参照	77	度数分布表	85/102
相対度数	86/90	トリミング	57
総務省統計局	12	ドル円レート	133
ソーシャルネットワーキングサービス	20	ドル高・円安	133

■ な

内外投資益	140
内閣府経済社会総合研究所	12
並べ替え	146/150
日本銀行 時系列統計データ検索サイト	135
日本経済新聞	13
日本取引所グループ	13
入力	26
年利率	113

ソーシャルメディア 20
損益計算書 62/63

■ た

ダイアログボックス	10
ダイアログボックス起動ツール	10
貸借対照表	62
対数	119
タイトルバー	24
タスクバー	9
第 2 軸	138
代表値	96
待忍	108
ダウ式修正平均	126
ダウ・ジョーンズ方式	126
縦棒グラフ	40
タブ	10
単利	108
地域ブロック	145
地図で見る統計	16
中位数	96
中央揃え	28/39
中央値	87
中間投入	144
調和平均	96/105
著作権	19/23
著作権法	19
貯蓄	158/159
貯蓄現在高	158
貯蓄率	158/160
定期積立金	114
データ数	87
データファイル	8
デフレーター	129/145
当期純利益	63

■ は

配布資料	58
配列数式	89
パーシェ式	125
パスワード	20
バックアップ	20
パブリシティ権	20
ハラスメント	22
凡例	68
ヒストグラム	86/92
ピボットテーブル	165
費用	63
表示形式	67
表示モード切替ボタン	24
標準偏差	97/98/100
フィッシャー式	125
フィルター	146/152
フォント	28/39
フォントサイズ	28/39/55
複利	108
負債	62
負債現在高	158
負債比率	64
不正アクセス禁止法	20
物価指数	124

物価変動	120	メジアン	96
ブック	35	目盛線	82
フッター	30	モード	96

■ や

太字	28	横軸ラベル	137
プライバシー権	20	読売新聞オンライン	13

■ ら

プリントスクリーン	56
プレゼンテーション	48
プロバイダ責任制限法	20
分散	98/100
分析ツール	92/103
平均	96
ページ設定	26
ヘッダー	30
偏差	97
返済利子	116/118
変動金利	116
傍点	28
保存	11

ラスパイレス式	125/127
リスクヘッジ	140
立教大学 図書館蔵書検索	13
リボン	10
流動比率	64/67
利率	108/111
累積相対度数	86/91
累積度数	86/90
ルビ	29
レーダーチャート	69
レポート	49
連鎖方式	124

■ ま

マーケット・バスケット方式	129
右揃え	28
名目為替レート	133
名目値	144

■ わ

歪度	101
ワークシート	34

●本書の関連データが web サイトからダウンロードできます。

https://www.jikkyo.co.jp/download/ で

「経済系のための情報リテラシー」を検索してください。

提供データ：課題・演習データ

■編修・執筆

櫻本　健　立教大学経済学部　准教授 ……………………………… 1講, 10講, 12講, 13講

■執筆

倉田　知秋　富山短期大学経営情報学科　准教授 ……………………… 1講, 3講, 7講

田浦　元　明海大学経済学部　教授 ……………………………………… 2講, 9講

小澤　康裕　立教大学経済学部　教授 …………………………………… 4講, 5講

藤野　裕　白鷗大学経営学部　准教授 …………………………………… 6講

安藤　道人　立教大学経済学部　教授 …………………………………… 8講

山本　周吾　立教大学経済学部　准教授 ………………………………… 11講

●カバー・表紙──アトリエ小びん　佐藤志帆

経済系のための情報リテラシー

統計データで学ぶ

2025 年 4 月 10 日　初版第 1 刷発行

●執筆者　櫻本健（ほか 6 名）	●発行所　実教出版株式会社
●発行者　小田良次	〒102-8377
●印刷所　大日本法令印刷株式会社	東京都千代田区五番町 5 番地

電話　［営　　業］（03）3238-7765
　　　［企画開発］（03）3238-7751
　　　［総　　務］（03）3238-7700
https://www.jikkyo.co.jp/

無断複写・転載を禁ず

© T. Sakuramoto, T. Kurata, G. Taura, M. Ozawa, Y. Fujino, M. Ando, S. Yamamoto 2025

ISBN 978-4-407-36552-8　C3033

Printed in Japan